我
思

敢于运用你的理智

经典维新丛书，将以不同的视角来重新整理出版近代以来的经典学术论著，其出版思路可分为：

一、展现某学术著作的思想史或批评史，如胡适《说儒》第二部分"说儒前史"，熊十力《新唯识论（批评本）》；

二、梳理某种观念或学说的历史际遇，如《国学到底是什么》《阳明心学得失论》；

三、挖掘被当代学术界忽视的学术论著，如《汤用彤讲西方哲学》、马一浮《法数钩玄》；

四、选编反映某学术大家思想特质的文集，如《太虚讲国学哲学》《王国维哲学论著集》。

经典维新

太虚讲国学哲学

太虚 著

长江出版传媒｜崇文书局

图书在版编目（CIP）数据

太虚讲国学哲学 / 太虚著.
-- 武汉：崇文书局，2020.8
（经典维新）
ISBN 978-7-5403-5996-6

Ⅰ. ①太…
Ⅱ. ①太…
Ⅲ. ①国学－研究②哲学－研究－中国
Ⅳ. ① Z126 ② B2

中国版本图书馆 CIP 数据核字（2020）第 110511 号

我
思 ↗
敢于运用你的理智

太虚讲国学哲学

出　　品　崇文书局人文学术出版中心
策 划 人　吴海明（408249263@qq.com）
责任编辑　吴海明
装帧设计　杨　艳
出版发行　长江出版传媒 ▨崇 文 书 局
地　　址　武汉市雄楚大街 268 号 C 座 11 层
电　　话　(027)87680797　邮政编码　430070
印　　刷　武汉中科兴业印务有限公司
开　　本　880mm×1230mm　　1/32
印　　张　7
字　　数　144 千字
版　　次　2020 年 8 月第 1 版
印　　次　2020 年 8 月第 1 次印刷
定　　价　38.00 元

（读者服务电话：027-87679738）

目　录

国学篇

易理与佛法

依佛法全系统观，有世间法、出世间法。而世间法又分根本法、枝末法，出世间亦分三乘解脱法，大乘圆满法。《易经》所讲的为世间根本法与枝末法，与佛法上所说的唯识缘起与因果流转相近。《易传》所谓"易有太极，是生两仪，两仪生四象，四象生八卦"，即乾、坤、震、艮、离、坎、兑、巽。每卦是根本法，再重为六爻，由乾、坤演变成六十四卦，一切吉凶、悔吝、福善祸淫等法，使之范围不过，曲成不遗，为讲明世间枝末法最良之书。

根本法，如划一无对待，故曰"易有太极"，即无始混沌、阴阳未分之象。而无始混沌忽然变动，即有破裂，则成为--；以之对未动以前之一，转成为有对待一阳一阴之——--。至是，只有相对之阴阳而无绝对之太极矣，故曰"是生两仪"。此二仪两两相叠，再演成▆▆ ▆▆ ▆▆ ▆▆，是为四象。一是一，--是二，一二相加成三，将两仪演成乾、坤、艮、震、坎、离、巽、兑，是为八卦，再依八卦乃重叠为六十四卦。此可通佛法所说唯识缘起世界众生的道理。初一划为第八识，为世间法的根本，世间一切根身、器界皆为第八识所变起，而直观第八识是无始无终、无边无中、无内无外的。无始无明忽动，即由《起信论》三细相之无明业相而成第七识，第七识与第八识相对之后，第八识真如即隐没而成为第七识所执之我，故第七识为能执，第八识为所执，即《起信论》之三细相之能见相、能现相。此能执我之第七识与所执第八识之我，可比《易》所说之阴、阳两仪。第七、第八能执所执相应的即为无始四惑，是为我痴、我见、我爱、我慢，此四惑相应，即世间的根本。痴、爱凝重如阴柔，见、慢高亢如阳刚，可比《易》所说之少阴、太阴、少阳、太阳之四象。再展转相依相缘，各由根、尘、识三和合而成八识：乾比八识，坤比七识，依乾坤之七八两识，演变成为第六意识及眼、耳、鼻、舌、身前五识，可比艮、震、坎、离、巽、兑六卦。由八卦变为六十四卦，可比由八识三能变以成世间万法。道书中所谓"一生二，二生三，三生万物"，义亦相通。

《易经》八卦的道理，可说明世间生起之根本法；再重之以演变六十四卦，则与世间枝末法相当。惟佛法只以此了世间法，而所宗则在出世间法，如《般若》《中论》的道理。明此等因缘变化之法自性皆空，在空性中无法可得，所谓一相无相，平等如如，才达到出世三乘的解脱法，亦曰寂灭法，亦曰涅槃法。更进为大乘圆满法，则本空无性故，生死流转当下即清净法界，亦即具足无量功德之圆满法身，无欠无余，无障碍，无隔别，是为不可思议解脱的出世大乘圆满法。（了空记）

《海潮音》二十七卷一期

佛法与孔子之道

我未入佛法以前，亦曾寝馈于孔、孟学术之中。迨皈佛修学以后，复将孔教经籍之精华，取而与佛乘相印证，觉以前见解，不如学佛以后所得之别有精微广大深切著明之处。今日幸得机会，以此题与在座诸君共同研究之。

讲到本题，先分孔子之道与佛法之二段以说明之。

何谓佛？原音乃佛陀二字，迨后简称曰佛，其义盖谓觉悟者。醒觉之人乃名曰佛，如有学问之人称学者，由学而得醒觉之人称觉者。译其意义：一般众生咸在迷梦颠倒之中，无有能豁破此迷梦而得大觉悟者，自觉觉人以拯斯世，唯佛能之，故佛为觉者；然非绝对超然于人生以外若他教所奉之天神也。一切众生如能大彻大悟醒觉迷梦，自觉觉人，皆可成佛。佛之释义，如是如是。何谓佛法？佛法也者，并非佛另造之法。缘吾人类等众生于此迷梦之身世，不能彻见真相，认识其本来面目，妄执物我，造业受报，如在梦中，误以其梦为真，悲欢苦乐，不能解脱。而佛为大觉大悟，解脱迷梦，彻见一心十法界如是如是之本来面目者，其视众生，如生而盲，一切不知，以手扪索，一知半解而自满足，妄立种种宗教、种种学说，愈益迷梦，沉溺忘返。佛以大智慧洞彻谛了，明明白白，实际如何还他如何，恰如其分际，非支支节节之知解，乃完全普遍彻底之了悟。豁破此迷梦而得达迷梦界非迷梦界之真象，此为佛所证明之法，谓之佛法者一也。自觉如是，依自觉以觉他，必使世界众生悉皆同成大觉，而苦于众生不能了解，佛于是生大悲悯心，应现迷梦之众生世界中以觉悟众生。将佛智慧所了知之真理真象，因机制宜，以最善巧之言说推证明白，使闻者皆易于了解。更凭佛之智慧能力，在种种行事上启发光明之路，俾众生平平坦坦、明明白白由之而如法修行，由行得证，与佛一样，得从迷梦中而大觉大悟，洞彻一心一法界之真理真象，此为佛悟他之法，谓之佛法者二也。何谓佛，何谓佛法，大致已讲解矣。

复次，更讲孔子之道，孔道精要之所在，我以为：天地之间，万物之中，有矿物，有生物，生物分为植物、动物，动物之中分为羽毛鳞角裸，而人类在焉。类类不同，但更有类类相同之点，人之四肢百骸中含矿质，死化为土，是同于矿物类也；人人爪甲毛发能生长而不知痛痒，是同于植物类也；饮食男女巢穴游戏之需，与鸟兽等，是同于动物类也。关于生命上之操作、营求、储蓄、供给，和人类与动物类共同自然而有，胥不足以显示人类特长之德性，及人格上之地位与价值，何以歧异于草木鸟兽也耶！我以为孔子之道，注意人类在万物中特殊不同之德性，所藉以歧异超尚于其他动物者在此，即孟子所谓人之异于禽兽者几希是也。此几希之别，庶民去之，君子存之，保全人格，崇尚人生特长之德性，廓充而长养之，可以为贤为圣；小人反之，则可下侪禽兽。从人类特长之德性以开发恢宏之，孟子所谓恻隐之心、羞恶之心、恭敬之心、是非之心人皆有之，养而充之，仁、义、礼、智不胜其用者是也。但人人有超乎动物之上蕴乎中之理性同，而能否发扬充尽之，则人人殊。仁、义、礼、智非由外铄，人生本有，善为维护，如草木之萌芽，不使夭折损害，俟其长养成功，为贤为圣，不外乎此。

笃于内行，发为伦常之德。世界人类，近而家庭，远而社会、国家，应当为如此即如此，父子、兄弟、夫妇、朋友各尽其道。立身处世，先须保存德行，扩充理性，各安其分，各适其宜，人到恰好地位，使人类有人类之道德，异于禽兽，方有人生之真价值。故曰：孔子之道，为人生在世最正当之办法。然孔子之道对于为万物灵长之德性，注重如此，亦非将人生需求之衣食住等生活问题屏而不讲也。实有见于人生先明人性，后乃从事生活，方为人类生活，安其生，乐其业，完全恃此德性为之维持，非以禽兽共同之生活而泊没人性也。谋国及治一地方者，仅仅以富强为目的者，其见毋乃舛谬！孟子见梁惠王，王曰："叟！不远千里而来，亦将有以利吾国乎？"孟子对曰："王何必曰利！亦有仁义而已矣。"殊不思国与国之间，此亦谋富强，彼亦谋富强；以至国内各省，此亦谋富强，彼亦谋富强；甚至一县、一村、一家、一人，上行下效，相率同风，交征利。利害冲突，必出于争，争之不已，战斗之事不可避免，非仅失败者不堪闻问，即优胜获得者亦损害无偿。可见富强绝非最高目的。既富矣而后教之，即发挥人群理性中之伦常道德，方为不埋没人类理性，不失堕人类价值，方为不虚生为人。即饮食、男女、居处亦与他动物有别，以其有理性为之条贯也。以此言之，孔子之道，为人生在世最正当之办法，可无疑义。人类生活需要，亦以人性驭之为运用，而不妨害正义，此又为研究孔子之道者所当注意之前提。

孔子之伟大人格，生有自来，非常人可及。人之希望，勉强学之，随其造诣，各臻其相当之境域与地位，圣人则不可能也。然孔子则殆为天纵之圣，生有自来，超乎常人之上。如孔子喟叹为五十而知天命，六十而耳顺，七十从心所欲不逾矩，将一生经过的约略表现，而彼时及门弟子亲炙其训诲，皆学之而弗及。颜子天才不及孔子，而以好学见称于师，用功太过，不幸短命而死，尤可见孔子非常人所能学而企及也，明矣。

孔子高尚精神，别有寄托，非现世为限。孔子一生修养功纯，其高尚之精神，实超越寻常人生世界之上。观乎"天生德于予""天之未丧斯文也"二语，可以觇其精神寄托之所在。所谓天者，既非蔚蓝无际穹窿在上之天，亦非世俗人心理中备具人格之天，不过表明其精神所寄托之不思议力。善其所当善，恶其所当恶，不为事事物物所牢笼，提高精神，俯察一切现世之生活，万不足以限制之。孔子虽不曾明言，而就子贡谓"夫子之言性与天道，不可得而闻"，颜子谓"仰之弥高，钻之弥坚"等语觇之，则精神寄托之所在，虽不以之示人，而最亲近之弟子，则窥知一二。孔子又曰："朝闻道，夕死可矣。"人生不百年，幼稚无知，求学明理，至近亦在中年以外，余则老病死耳！死则灭没，尚何闻道之亟需，朝闻道而以夕死为可？则现世界以外别有境地，从可知矣。子路问事鬼，子曰："未能事人，焉能事鬼？"子路问死，子曰："未知生，焉知死。"是孔子之教化他人，注重先正当作人；复以子路未臻圣境，非所宜问，不如以生知死，以事人知事鬼之为切近也。庄子评孔子"六合之外存而不论"。六合者，人生世界之宇宙时间空间是也。既曰存而不论，绝不曾直斥为无；而确然有存，是可知孔子精神之寄托，殆超乎常人人生宇宙之上也。质言之，即不以现世为限。故吾于孔子之经典，入佛以后复取而研究之，觉其精义奥理，即讲之百年，亦不能尽，今大致说明，如此而已。

孔子曰"仁者不忧，智者不惑，勇者不惧"，必如何而可得之？必成永久完全快乐调和之地位乃可得之。迷梦打不破，即不能不常怖忧患、疑惑、恐惧之中。文王演《易》，孔子作《春秋》，即成功于此之心境中。吾人欲超脱忧患、疑惑、恐惧而达仁智勇之境，必须以佛法为依归，而念念趋向无上真觉；然后遇不测之危难，或人生不能终免之病死，得从容暇逸，处之裕如，不至彷徨无著矣。此即非佛法不能为孔家精神谋得一最高之寄托，使之发达无阂之明证也。

结论以佛法目的而令一切众生皆成佛，一切迷梦皆大觉悟，今姑不论。但就人生在世，须知孔子之道不可须臾离，欲完全一作人之品格，必由孔子之道而成就；然必经佛法之甄陶，乃能生养若孔子、若儒门诸贤之伟大人格。于入世之志，具出世之胸襟，必以佛法为归宿，乃得安身立命。至其余，直认在世无价值无意味而生出世心者，亦必以佛法度之，方可解脱。更须知人身之难得，佛法之难闻，既有人身，即有闻佛法之资格凭借，下一番深研细究功夫，期得彻底之了解，庶不虚生人世！如其见道不真，向道不勇，遇度不度，可惜孰甚！太虚至贵省，承诸团体之欢迎，深愧无所贡献，简短之谈语，愿诸善知识加以研究！幸甚！（王钖九记）

《海潮音》六卷七期

荀子论

一、悬论

晚周诸书，经秦火复出，至汉武专崇儒流，浸不兼行。魏晋时，道家转盛，故道家言降至唐代，流风弥畅；然间于米贼之神话，老庄之旨盖微矣！而荀、孟同隶儒家，宋而前无轩轾，韩愈亦但曰大醇小疵而已。迨宋有程、朱辈所谓理学者出，始尊孟而黜荀。理学之徒，且排摈荀说侪于管、韩，致荀子之精义，反隐没理气之寱言中。宋人之尊孟，假其拒杨、墨之辞以辟释、老也；而黜荀则以《性恶篇》暨《非十二子篇》，语多指斥孟轲、孔伋也。夫荀义纵未完密，视孟轲、孔伋之书，亦足相胜。以宋人言望之，则岂仅�火龙烛之较哉？况《解蔽》《正名》二篇，持论精审，求之管、老、孔、墨、庄、韩所不得者乎？在彼自狭，诚无足责！然障蔽先贤之学，俾后生不蒙其福泽，宋儒之罪深矣！今世之士，固鲜有暖暖妹妹于程、朱、陆、王之说者，然或汗漫于董仲舒辈之纬术，或蹦踣于惠、戴、钱、段之经训，或封守于韩、欧、汪、姚之文辞；其不然者，则惊眩驰骛乎海西名、数、质、力、政、教、军、法之学，而能孑立放观，综贯古今中外之说而条理节文之者，鲜矣！

余禅悦多暇，间浏览世俗之论，所窥虽少，颇得行无留滞；习闻贤豪长者谈话，亦多启发。盖辟而不散杂，翕而不泯梦，差自诚矣。乃裁取《荀子》之《正名》《性恶》《解蔽》三篇，而论次之。《荀子》都三十二篇，独取之三篇者：（一）以之三篇义最审密，（二）以余二十九篇皆由之演绎而出，了此三篇即可觇《荀子》全书也。先《正名》者，以万理皆楷定于名，得起言语，名之为用，印持一切，笼罩最富，抑亦立说之要途，治学之公器也。次《性恶》者，所为修身正心，立说治学，以圣法经国化民之原因也。次《解蔽》者，由简恶择善，积修累行，至乎豁然贯通之地，优入圣域而为天下之成人也。此其要略已。而吾说往往掣携欧学、佛藏者，则依义不依语，固吾师释迦之大训，义既相通，固不得强为畛域。盖荀子之在儒，殆犹唯识之在佛，借彼明此，反之即藉此行彼。古大师大慧、智旭，皆尝作四书解，余亦窃附乎此云尔。

二、《正名篇》论

名、相、分别，三事必和合而起，今以言说方便，于此三事各区为二。

云何区名为二？一曰相名：凡诸对象，形表分齐，为有情类想所取者。如人饮水，冷暖立决，如镜映物，影色同现，而未曾起计度分别，不待表以音韵曲屈，即此是名，亦即是文。故曰：文者，物象之本。而诸服仗有仪，进止合度者，亦曰文章。法家孟德斯鸠，亦谓自然物象皆有伦脊，法自弥纶，不待施设，禽兽草木，莫不皆然；而《成唯识论》，称之显境名言，是此篇所云缘天官而有同异者也。相名不独局于人类，诸同貌同情者，类与不类，自为同类，互通情意，故虫蚁等各得成事。二曰名言：依据相名，起为言说，表以形声曲屈，持以计度分别，习俗而然，州国互殊。积名为句，积句为辩，聚名、句、辩，成为言论。名言难与相名适符，必有增益，故曰增语。计度增语，或复全越相名之界，故有乱名。《成唯识论》称之表义名言，是此篇所云约定俗成者也。名言则唯人类有之，一切字语皆所楷定，一切学说无不依止。

云何区相为二？一曰相体：此之相体唯觉感得，平等同遍，不可界量；若取分齐，即属相名矣。《成唯识论》称之性境，近世名家谓之物德，若青、黄、赤、白等是也。二曰名相：依二分别，相名、名言。所取之相，皆曰名相；虽计空无，亦是名相。名相之兼属相名者，《成唯识论》称之质境；近世名家或谓之物，若人虫禽兽、金木水火等是；或谓物德，若物之青黄赤白、同异、一多、方圆、广狭、生死、荣枯等是；或为物质，若炭养等是。名相之单属名言者，《成唯识论》称之影境；世人或以谓物，若造物主、昊天上帝等是；或谓物质，若以太等是。名言所论，必以兼属相名者为贞信。

云何区分别为二？一曰任运分别，相体、相名皆是任运分别所取；名相一分属相名者，亦是任运分别所取。取相体者，是《成唯识论》作意、触、受；取相名者，是《成唯识论》作意、触、受、想、念；近世名家谓之元知。二曰计度分别，是计名言推度而起，虽复考察自然界物，已非相体，而属相言所持名相，况又唯依名言计度，是取增语推增语耳。计度分别，是《成唯识论》想、思、欲、胜解、念、定、慧、寻、伺，想、思、寻、伺必有，欲、胜解、念、定、慧或有或无，寻伺唯由意识而起，故计度分别，余识所无；近世名家谓之推知。

而此三事，以增语及计度分别，故多看乱。计度惯熟，亦若任运，是故任运亦兼想念。此皆名相，无关相体，相体但为属于相名之名相依止耳。名家所依，则在相名；名家之用，则在名言。所谓名言务称相名，不称则妄，是谓求诚。名言计度，但及名相，不证相体，是故名家不重元知，唯贵推知。然又须先了相名者，一分元知为之依隐，不尔推知亦不得起，是故比量必依现量，全违现量，比量不成。然而推知计增语故，往往可以全违元知；又以计度增语惯熟，日用由之不复觉知，唯依习俗所是为是，此俗之所以多乱名而须厘正之也。然名言本是习俗所成，同貌相亲，同情相通，辗转告教，浸渐认识。所认识者，初唯名言及属于名言之名相耳。用认识之名言，诠相名而为义；名之与义，故难剖切。凭名言求相名之诚，果诚与否，还依所同然者而得断定；不依习俗之所同然，虽自谓诚，亦自诚耳。著之名言，以今非古，以此非彼，孰为证明？故比量须不违世间。虽曰同貌同情者其天官之意物也同，得缘天官之当簿者而同其同异。顾众人之天官所当簿者，亦随处而封局。天官所缘不得全同，则难全恃；故求所得诚，盖亦几希！况人各有心，计度万殊，依曾计度更起计度，使其计度不本天官，但逐增语，则去诚弥远，趣妄弥甚，而为异亦弥滋。夫然，何如取世俗计度惯熟之名言，随顺而节文条理之为得哉！故曰：名无固宜，约定俗成谓之宜也。

按荀卿是儒家者流，儒家祖述尧舜，宪章文武。盖依先王先圣之言教、礼制为法者，故知成速之当常循，而尤必衡以先王之成名也。而荀卿生于战国之季，姬周之运已终，国求自王，学多异师，兼容并听，舍局就通，又知习俗之变居无恒，故曰：后王必作于新名，而注重乎天官之当簿也。此则非孔丘、孟轲之所知也！然儒流所习，本在术群经国之道，故曰：道也者，治之经理也。其次，则为文史，而文史亦以载道耳。故荀卿虽拘古王，而曰制名必由王者也。缘天官则一依自得为当，循成俗则悉任所习为异，斯则道家之所由高，不得责之儒家。今世言论尚自由，其制名之权，殆操乎学者耳。顾今世学者所持名学，虽天官而重征验，而往往坚持增语，责成俗之必同，则是仍名家之旧者。盖名家出于礼官，拘守最严，而惠施、公孙龙辈善为异同坚白之辩，则亦本之格物；以语术群经国，固所短拙，尚不逮荀卿，况道家乎？故斯宾萨亦谓名家、数家心理简单，未足进言群学。然其即物穷理，察果籀因，参互综错而观于义，由之转物成器，利用厚生，则非荀卿所能，而是墨翟所长。至轨范思慧，楷定名理，使成俗不得凌越，则亦荀卿正名之意；而规律严整，虽未及印度之因明，视孟轲之说，固亦过之，此其足多者也！

三、《性恶篇》论

性盖不仅善恶问题也，尚有有无、真幻、染净、智愚问题也。嫥嫥为辨于善恶间者，陋矣！而古今论之者非一家，皆不明其故，欲强内于一义，由是相伐。章太炎君作《辨性》上下，庶几解其纷矣，然吾意犹有未嗛。将欲明性之有无、真幻、染净、善恶、智愚，不可不先知性为何义。吾于性字而会其义，又于荀子之界说性字者而通其指矣。

性字从心、从生，荀子之界说性字曰："生之所以然者谓之性。"盖如是心生，即有如是法生，法者一切诸有都名。如是法生，即有如是生之所以然者，轨范任持，谓之法性。生之所以然者何？则心生也。法性者何？法法皆有自相、自体、自种、自用、自缘、自习也。庄子曰形体保神，各有仪则之谓性。法法皆有自相、自体、自种，故法法比较有真幻、染净之不同；法法皆有、自用、自缘、自习，故法法比较有善恶、智愚之不同。此所以有性也。如是心不生则如是法不生，不生则无生，无生则无生之所以然，无生之所以然则无法性，故无自相、自体、自种、自用、自缘、自习可得，故无真幻、染净、善恶、智愚可界，此所以无性也。

心无表示，生犹无生，如心不生，法亦无生，故无性其真，有性其幻。心无自用，不了无性，自守其真，故心无性，心无性故，法性幻现。了心无性，法亦无性，即此了义，强名曰性，是故谓之曰无性性。此无性性，非幻非妄，于一切法常如其性，是故谓之曰真如性。此真如性，无变无居，无动无作，无增无减，是故谓之曰无漏性。此无漏性，遍满融彻，灵明微妙，常寂恒在，是故谓之圆成实性。圆成实性，非迷所了，须以定慧方便显之，是故谓之觉性、佛性。

　　此则无性之真性也，染净、善恶及于智愚，论有性之幻性耳。有漏、有覆而兼三性曰染；无漏、无覆而唯善性曰净；染性、净性，命之体相、因种者也。所施为权藉积集者，能令短时、长时、一生、众生，顺益利乐曰善；所施为权藉积集者，能令短时、长时、一生、众生，违损害苦曰恶。能以暂时少生之违损害苦，得久时多生生指人物。之顺益利乐故善；能以暂时少生之顺益利乐，致久时多生之违损害苦故恶。善性、恶性，命之业用、缘习者也。能了真性无性曰智，不了真性无性曰愚；此愚，贤宗谓之迷理无明。能随顺幻有法性，简择决定其染净、善恶者曰智，不能随顺幻有法性简择决定其染净、善恶者曰愚；此愚，贤宗谓之迷事无明。能舍染取净、舍恶取善者故智，不能舍染取净、舍恶取善者故愚；能转染成净、转恶成善者故智，不能转染成净、转恶成善者故愚。愚者不能，故有迷无悟，有染无净，忽善忽恶。智性、愚性，命之意识功能者也。此则唯有情类有之，不与无情类共者也。夫染净、善恶，既幻有而转变无恒，未尝有实性矣。而愚者则并幻有者亦不能随顺而简择决定之，不唯背真，且亦悖幻，故胶扰流遁而入于妄也。虽然，智愚最无性矣，非若染净、善恶犹有一期定分之性，得真智净智者，永不更转为愚，则即觉性、无漏性摄。其未得真智、净智者，而智愚固弹指可变，故不得有愚性、智性。名之智性、愚性，顺此方孔丘故言耳。愚若定愚，莫转为智，设教度人，则为无益！故智性、愚性，当刊落不谈矣。荀况虽未明无性净性，而此方言性诸家，莫之尚矣！盖能明乎人性染矣。人性，即《百法明门论》异生性。

生之所以然者谓之性，生之所以然者何指？盖有生之类，有意根号曰末那，译曰染意，此但意根，而非意识。称染意者，常与我痴、我见、我爱、我慢四烦恼俱，为四烦恼之所染污，障蔽真性，不明无性，故是有覆。不明无性，法性幻现。执有自体，故有法我；执有自相，故有生我。不明真性无性，故曰我痴；执有自体自相，故曰我见；执自体相，自贪自著，故曰我爱；执自体相，自高自胜，故曰我慢。执自体相，乃有生死流转起灭，故是有漏。但执自我，不及非我，恒审思量，一类相续，不发业用造善造恶，故是无记。苟非意根执自体相，则无物我而无生死。故生之所以然者，意根也。无生灭，则无物无人，无人则无人之种类。荀卿知以人生之所以然者为人性，此其所由高矣！

顾未悟意根无记，谓之性恶，则不然也。善恶但命之业用、缘习者也，所以增益生死流转之苦乐者耳，非生之所以然者也。然业用、缘习，恶乎起哉？则是意识依止意根，转趋外境，刻画计度，引使前五根识之所造也。意根但执一类相续之内自我体，意识则转执身体而计质、计神、计性、计因，种种分别矣；更以我有我体，缘前念而比度知一一非我者皆有自体，亦取之而种种分别矣。意根但执一类相续之内自我相，意识则转执我身，而计官、计肢、计脏、计腑，种种分别矣；更以我有我身，缘天官而对观知一一非我者皆有自身，亦种种分别矣。意根但执一类相续内自体相，以自贪著，意识则转之计质神、计因果、计名理、计宇宙，而自取所计者深贪著矣。意根但执一类相续内自体相以自高胜，意识则转之计身根、计衣食、计种姓、计伦类，而自取所计者为高胜矣。随其分别所计度者，或诚或妄，符顺法性曰诚，悖乱法性曰妄。役禁导锢前五根识，随所缘藉，随所积习，发为言行，乃有善恶。苟非意识转计外境，无彼无此，则无交待缘藉和合，无感无应，业用不发。苟非业用别别相续，无言无行，积习不成。

然而业习还复存于意根所执内自体相，一经现行，内自体相即复多此一种功能。若遇熟境，意识偕同前五根识，必重现行。故善则愈善，恶则愈恶，诚则愈诚，妄则愈妄，智者愈智，愚者益愚。其智之极，反转意根不执内我，而我净意，则生死息矣。其未能者，意识必与意根同染，故推勘外境，痴、见并行，痴有所迷为愚，见有所察为智。愚固有染有漏，智亦有染有漏，故交接外缘，爱、慢俱发，泛爱利物为善，自慢凌人为恶。恶固有染有漏，善亦有染有漏，有漏故，生死流转无止期矣。吾人暂尔为人，其生死流转者久矣。意识偕同前五根识所造业习，积存于意根所执内我体相当矣，故诸家所论性善、性恶，皆指斥业习耳。其善恶命、业用缘习，是善恶之正义。而善恶有泛义：以真净为善，无性、净性亦得谓善；以幻染为恶，有性、染性亦得谓恶。然佛法既但以善恶名业，而此方诸家所据以证明性善、性恶者，亦皆在业用、缘习。

有若孟子以乍见孺子将入井，无不匍匐往救，用证人皆有怵惕恻隐之心，故谓性善。孺子即缘，赴救是用，乃意识推意根之我爱而泛爱孺子，故率同前五根识而往救也。抑此非仅意识俱生之德，盖孺子无知可悯、无力能主，而长者应须匡乎扶孺子。当其为孺子时，己身受之、习闻之矣，身受习闻乎少成，故无待告教，发之任运，实亦由积习所起也。此不独人为然，禽兽亦与能之。盖族类所由繁生，而自营私欲所挐乱者也。故对孺子虽然，对成人则计较利害、亲疏、尊卑、贤愚矣。

荀子以人生而好利，故争夺生而辞让亡；生而疾恶，故残贼生而忠信亡，用证人皆有自营残物之情，故谓性恶。此亦据业用缘习而论者，乃意识顺意根之四烦恼，率同前五根识而转趋外境者也。由我痴故有我见，由我见故意识转执我身，而以之有意识俱生之我爱、我慢。我爱故有私欲自营，我慢故致凌人残物。复以人性皆迷，伦俗不善之习由来者渐。当人之为童子时，已溺陷于不善之习，故偏险悖乱，亦少成若性也。设有人而育于纯善之伦俗，相爱相助，唯悦唯乐，乌有所谓争夺残贼淫乱者哉？盖争夺残贼等业习，虽顺意根，而其发现，固必交待外缘乃起。然而人生之所以然者，已执我而爱慢，众人皆然，不然无以有生。故纯善之伦俗，从未曾有，而争夺残贼之俗习，弥纶世界。夙习既熟，外缘亦充，况又顺乎人生之所以然者，则值缘即发，愤骄莫系。苟非师法礼仪，将乌乎化之为善哉？

故论性善、性恶，但应格以善恶正义，不应掺以善恶泛义。荀子以生之所以然者之性为恶，非也。若杨子所谓善恶混，漆雕开辈谓善恶以人异，则计业习夙种及计少成之业习耳，其但及乎业用缘习也明甚。而韩愈本漆雕开辈之说，以三品论人性善恶，殆指善智者定善智，愚恶者定愚恶，唯中品者为可善可恶，则断不可取也。盖晚周论性善、性恶诸家，特指业习之发于无记，由于夙种受于少成者耳。若可能性则无不认为可善、可恶者，故无不欲人人祛恶择善、为善去恶也。

又韩愈谓所以为性者五：曰仁、曰义、曰礼、曰智、曰信。此盖略本孟轲，乃伦业之师法礼仪所持论者耳，执为人性，实不可通。即此五者并列，亦复不然。仁为伦业之体，由乎意识转意根我爱以泛爱非我而起；智为伦业之用，由于意识转意根我见以遍计外境而起。义以界仁，礼以持义，生于分别之见，现为差等之行；信则礼义之一节耳。故圣人言仁智而已，君子法圣人，则言礼义而已。得仁智者可以无差别，可以有差别。无差别者，证于心德者也；有差别者，见于言行者也。言行则皆范于礼义者也，故有仁智则自有礼义，无待言礼义也。君子未证心德，法圣人之言行以求仁智，故当隆礼义也。隆礼义而身体力行，则自符于圣人差别之仁智，浸焉而可证心德之全，契圣道之纯矣。此五者特有高下、深浅、广狭之殊，一贯而非异物，岂可分布横列之耶？故唐、宋、明儒之言性，皆攘取前人之言，而未尝自明其故者也，兹无取也。

除以人伦业用缘习论性善性恶者外，而晚周独有告子以生为性，谓性无善无恶，章太炎君谓其指阿赖耶识而言者，是矣。然犹有辨：阿黎耶识，无性无生。依《密严经》即如来藏。其所以有生者，则由意根执为内自体相，以其持种名执藏识，以其受报名真异熟，此真异熟，但自内我，与身根异熟生有别。异熟生之本质，虽亦即是阿赖耶识见所了相，亦由阿赖耶识之所住持，而身根积聚相，则非阿赖耶识所了，是前五识及意识所变起似带质境耳。详告子之所计，盖是指异熟生之身根积聚相者，异熟生亦唯无记性。前五根识善恶，皆由意识而发，故告子谓之无善无恶，最无安矣。目明耳聪，与生俱生，韩愈以与生俱生者为性，宜同告子之计，乃不知其无善无恶，谓善恶以人三品异，何其自抵牾欤？告子虽以无善无恶为人生性，而其谓人之可能性，固曰可善可恶，故同于湍水决东则东、决西则西之喻。唯人之可能性可善可恶，故谨于恶而勤于善，斯所以足多矣！而孟子与之辩，则昧于告子之所指者也。

虽然，儒家言人性者，唯荀子最为随顺法性矣。盖人性者，人类生定之分。若言善恶以人异，善恶混无善无恶，则人类于善恶无生定之分，虽论人性，犹之未尝论人性耳。若夫泛爱之善，既属意识逆转意根我爱而推广，起必有待乎外缘习种，亦非人类生定之分。人顺之生由于染意，染意必与四烦恼俱，意识必依意根而发，意根染故，意识亦染。顺之而偕前五根识，交待外缘，起为行业，必有营私凌人之恶，则人类生定之分也。近世天演学者，谓人皆有贪生营私之欲，义亦符契。故荀子性恶，于义为诚；孟子性善，特举人类可能性之一端当之耳，是济世之说，非穷理之谈也。

佛法谓一切众生皆具佛性，盖指众生无生之本心耳。心本无性无生，众生心亦无性无生，智愚之性，弹指可转，苟悟无性，即契真性，故谓一切众生皆具佛性也。谓一切众生皆具佛性可，谓禽性即人性、人性即佛性不可。佛性亦是佛之定分，既经真智、净智觉悟，决不更执自体自相，有此定分，故曰佛性。而无性之心，则不局生、局佛，唯其不局，故生佛通，通者是心，而非是性，性者定分，有局无通。后代沙门随逐儒言，即据一切众生皆具佛性，以谓人性是善，此既乱于善恶正义，亦未能辨乎心性也。夫人性既恶矣，故荀子尊重师法礼仪，而吾佛人天乘，亦但告之曰皈佛、皈法、皈僧，诫之曰勿杀、勿盗、勿淫、勿妄、勿倒、勿谤、勿贪、勿瞋、勿痴，进之曰舍著、曰守戒、曰忍辱、曰专勤、曰静虑、曰正思而已。皆以人生性恶，故唯用反克之功，以去意识顺乎意根所发之恶业，恶业去则善业始能全粹，盖遮恶即以成善也。唯人天乘但教以去恶取善，未尝教以断有漏之染，证无漏之净，故未能穷极意根而不执自体自相超出生死家也。荀卿之论，殆人天乘之正宗哉！余故称而与之。而此篇所言，往往错整而不合者，则以上未能辨于染净、真幻、有无，下又不明孟子、告子所取命为性者与己异指，故致放纷焉尔。

四、《解蔽篇》论

解蔽者何？解人心之蔽也。蔽之者何？如是心生，即有如是法生，万法皆心之蔽也。解之者何？道也。案：佛法六度以解六蔽：布施以解贪著，持戒以戒淫洒，忍辱以戒暴害，精进以解懈怠，禅定以解散乱，般若以解愚痴，即此六度曰菩萨道。道者何？人心以一行万、以类行杂之通途也。而能解之者还在人心，非证乎心，无见乎性；非见真性无性，则不能以一行万；非见幻性有性，则不能以类行杂。故曰：道者治之经理，心者道之工宰也。唯管子亦曰：治也者，心也；安也者，心也。心安是国安也，心治是国治也。

今《荀子·解蔽》一篇，可谓举之无上，接之无下，保傅人天，而度越人天矣。尝试论之：能表示而无表示者谓之心，所表示而有表示者谓之法。有表示故有对待，即所观能，所有可对故有能；即心观法，心无可表故无法。无法故无所无能，有能故有心有法。有心有法故有差别，有差别故有类分了。取差别之分齐者曰想，诠显差别之分齐者曰名，名即兼相。忆习想名者曰念，计量想名者曰数，推行想名念数者曰思，集起想名念数者曰缘，简择想名念数思缘之同异者曰慧，楷定想名念数思缘之同异者曰理，审决简择之慧者曰胜解，究竟楷定之理者曰了义。无能无所故无差别，无差别故无可分类：无想、无名、无念、无数、无思、无缘、无慧、无理、无胜解、无了义。强以无差别者谓之心，心亦随法性而有差别；强以有差别者谓之法，法亦依真心而无差别。功极而应真谓之圣，见性而趋道谓之贤，契圣而贤，积贤而圣。作之，则将须道者之虚，虚则入；将事道者之壹，壹则尽；将思道者之静，静则察：入而尽，尽而察，则功极而应真矣。知虚、知壹、知静，曰见真性无性；知藏、知异、知勤，曰见幻性有性。在乎圣真者想、念、思、慧、胜解、皆曰智，名、数、缘、理、了义皆曰德，合智德而符心真以一如者曰仁，总智德而随法性以万殊者曰人。人即兼指一切众生。不昧无差别心而遍观有差别法，是谓以一行万；随顺差别之理而曲成差别之事，是谓以类行杂。上皆是吾自定义界，阅者不可据成名驳。差别而无差别，故天下无二道，圣人无两心。无差别而差别，故体常而尽变。不昧无差别心而遍观有差别法，故兼陈万物而中悬衡焉。随顺差别之理而曲成差别之事，故众异不相得蔽以乱其伦也，是谓大清明，于是乎心术之患祛，蔽塞之祸解矣！不能了无差别之一，不能尽有差别之类，由是而役其心焉；乃偏举一隅以概全，各封一界以相伐。心不使焉，则又白黑在前而目不见，雷鼓在侧而耳不闻，此众人之所由蔽也。其为蔽虽万殊哉，其所由蔽者，具于斯矣。故君子贵明乎道而诚乎心焉。

《海潮音》二卷二期

《墨子》平议

吾读《墨子》书卒业，意识为之懵然，可不可骖集骈挤，若含韭蒜也。已而徐析之曰：《墨子》之言，可者十三四，可不可玄纽者半，而不可者亦居五之一二。夫儒墨相非尚矣！儒之诽乎墨者，孟子所诋少中肯，荀子讥墨子知利而不知文，可谓得要领矣。夫儒、墨称举仁义同，然名同实异者。墨家尚质，质者，民生正利而行之事，故以上天好生之德为仁义，曰仁，爱也，义，利也，仁义尽乎爱利，政刑乃遗礼乐。儒家尚文，文，礼乐也，故仁义即在礼乐之中，此儒墨之辜较也。独庄子临观儒、墨之上，持论最高，曰：《墨子》之意则是，而为之太过，故惧其相进而乱。又曰：《墨子》真天下之好也！而悲其所行刻苦，无以自宁放！晚近余杭章氏评次者，亦大同庄子。然斯皆概括之谈，今分别论焉。

《墨子》为吾意所绝对不然者凡四篇：《法仪》《三辩》《天志》《明鬼》是也。法天、仪鬼是《墨子》之根本义，犹道家之法自然，儒家之称天理也。《墨子》之根本义在天鬼，同乎神教，无可征实；是以穷理之谈，不逮儒、道二家耳！

案：《墨子》所取以成立天志之理由者凡三：（一）曰人之于

天，不能逃避，故当只敬诚畏，恭顺将事，无敢违越。庄周记子来氏语曰："父母于子，东西南北唯命是从。阴阳于人，不啻于父母，彼近吾死而吾不听，我则悍矣。"郭象解之曰："自古或有能违父母之命者，未有违阴阳之变而距昼夜之节者。"今《天志篇》谓君父可逃，犹相儆戒，天不可避，乃玩忽之。何天下之士，知小而不知大！与庄、郭之说正同。然而庄周之意，特如近人所云自然规则，乃势所不能违，非义所不可逾也。岂谓实有天父天母，执持而施行其规则于昭昭冥冥中哉？而《墨子》之意，则类基督教。盖谓实有天神、上帝为人物之大君大父，顺之则赏，逆之则罚，故必惕惕然畏之也。儒家亦有畏天之说，故曰："上帝临汝，无贰尔心。"然孔子称君子有三畏，其畏天命与畏大人、畏圣人之言等，而墨子则不许圣人与天鬼等。故巫马子谓墨子曰："鬼神孰与圣人明智？"子墨子曰："鬼神之明智于圣人，犹聪耳明目之与聋瞽也。"今基督教见中国庙祀历史上之圣杰，则非笑之，意亦犹此。且畏天亦非儒家了义之说，若取为方便，则虽无神之佛教亦优容之。而荀子则并此方便，亦往往冀除焉。故荀子同为儒家，与仲尼、子夏、子思、子舆辈，有微异焉。（二）曰有义则生而富且治，无义则乱而贫且死，故知天之所欲在义。人既畏天，则当行天之所欲而不违。此论盖以天意好生、好富、好治，成立天志欲义而恶不义者。然此说之不能成立，不待智者而后知也。何则？若承前说，天既不可违越逃避，则天志果在乎生与富治者，亦应不可违越逃避而有死与贫乱；然今之人多有死于贫乱者，则不可违越逃避之天志，非在乎生与富治，明矣！然则天之所欲者，固在义乎？抑在不义乎？特未可知。行不义又安知非天所欲，行义又安知非天所不欲？征实言之。何者为天？且茫乎不可知，更乌知天之意向所在哉？夫好生与富治而恶死与贫乱，人情也，非天志也。若以生与富治为义，而以死与贫乱为不义，则欲义而恶不义者，非天志而是人情耳。其在真畏天者，唯听之而死生治乱，不得计以人情之孰义不义，故其说适以自破也。（三）曰古之天子以至庶人，莫不洁祀帝神而求福天鬼。故知刑政之法由天而出，贫罚之柄唯神是操。政顺天意，则为圣王，是谓义政，义政不攻，邀天之赏；政反天意，则为暴王，是谓力政，力政相劫，罹天之罚。太虚曰：义政不攻，力政相劫，故君子贵义不贵力，洵仁人之言哉！而曰刑政出乎天，赏罚操乎神，又何其谬悖欤？虽然，称天而治古有其说。仲尼作《春秋》，亦称天而褒贬君王。但儒家称天，类夫近人所云公理，征乎人而不征乎鬼，故曰："天视民视，天听民听。"然则儒家称天帝者，监暴王而绐㤭庶之权说耳，非若《墨子》之拘泥乎天帝鬼神也。洵如《墨子》之说，则所谓天帝鬼神，必实有其人格，方能有欲恶之意志而得施祸福之赏罚。然而天鬼果有与否，孰指斥而孰证明之哉？无可指斥，无可证明，则横计非有为有耳！意犹不足，更计其有欲恶之意志而能祸福之赏罚，则犹计兔有角，更以所计兔角与牛角较大小也；其重纰貤缪，宁有纪极！然《墨子》特未尝如基督天方二教，构画天国之威严与天帝之体能也。其成立天之威权者，乃据人事之祭享祈求耳，故其说较耶教，稍为圆活。夫爱人利人，则本乎人情之推同耳。人情皆求福而辞祸，人与人相爱利则成福,人与人相憎贼则成祸,是故贵仁义而贱不仁义耳!无关天鬼,何系天志?且所谓天意之赏罚,征之人事,犹较暴王昏乱。尝有牺牛、獢犬、洁粢、盛醴以敬祀者,或降之殃,贫贱夭折;尝有诟天鬼而恣杀人者,或降之祥,富贵寿考。天意之赏罚不可恃如此,人情将何适何从乎?

夫《天志》之说,既倒妄乎情理,又悖谬乎人事,斯所以一无可取也。而《明鬼》一篇,则从《天志篇》衍出者。天当儆畏,故鬼神亦当儆畏;天好义而恶不义,故鬼神亦兴利而除害;天有赏罚之权,故鬼神亦司祸福之柄。

案:《墨子》之意,盖以天帝据人君,鬼神拟将吏者,此与一神教者稍殊。一神教则主张唯一天帝,而并构成天帝之体用居处者也;《墨子》则许有多数鬼神,辅佐上帝而治统下界。意谓上帝但居上界,不与下界交接,唯鬼神与下界交接,乃作明鬼以证明鬼神实有人格,且常游处人间,能实施祸福于人类。其结论,则在乎鬼神常监临人之左右上下,使人畏怖而不敢为不善,故曰:尝若鬼神之能赏贤而罚暴也。施之国家,施之万民,实所以治国家利万民之道也。然尊天事鬼,各国之政,各家之说,无间古今,盖多有之,儒家尤倚重焉。有以基督教之天父及进化论师所云自然规则,而捆为一名曰上帝者,则于明儒黄宗羲之破邪论见之矣。其《上帝篇》曰:"邪说乱真,未有不以渐而至者。夫莫尊于天,故有天下者得而祭之,诸侯而下,皆不敢也。诗曰:'畏天之威,于时保之。'又曰:'上帝临汝,无贰尔心。'其凛凛于天如此!天一而已,四时之寒暑温凉,总一气之升降为之;其主宰是气者，即昊天上帝也。（中略）今夫儒者之言天，以为理而已矣。《易》言天生人物，《诗》言天降丧乱，盖冥冥之中实有以主之者。不然，四时将颠倒错乱，人民禽兽草木亦浑混而不可分擘矣。古者设为郊祀之礼，岂真徒为故事，而来格来享，听其不可知乎？是必有真实不虚者存乎其间，恶得以理之一字虚言之也。佛氏之言，则以天实有神，是囿于形气之物，而我以真空驾其上，则不得不为我之役使矣，故其敬畏之心荡然。儒者亦无说以正之，皆所谓获罪于天者也！"黄氏之说如此，亦但能持之有故，未能言之成理。斯宾塞尔、赫胥黎辈之言天神，亦大致同斯耳。然各家之说，各国之政，不过藉天鬼为维世辅政之术，或以古有其说，理在难征，亦姑存之耳；非若耶教及《墨子》等，专取之为根本教义者也。

而《法仪》一篇，则既明乎天鬼之意志威权矣，乃率人心而诉合之天鬼者也。天帝最上，莫遁莫避，有理有权；鬼神次之，可显可冥，能祸能福；人又次之，仅能听从天鬼之意而行，邀其恩赏，否则无所逃乎罪戾，故人必法天而仪鬼。此三篇，盖《墨子》之第一义谛也。

问曰：何以知《墨子》根本义胥在此三篇耶？答曰：请征其说。《天志》中曰："是故子墨子之有天志，譬轮人之有规，匠人之有矩也。今夫轮人操其规，将以量度天下之圜与不圜也。曰：'中吾规者谓之圜，不中吾规者谓之不圜。'是以圜与不圜，皆可得而知也。此其故何？则圜法明也。匠人亦操其矩，将以量度天下之方与不方也。曰：'中吾矩者谓之方，不中吾矩者谓之不方。'是以方与不方，皆可得而知之。此其故何？则方法明也。故子墨子之有天意志也，上将以度天下之王公大人为刑政也，下将以量天下之万民为文学出言谈也。观其行，顺天之意谓之善意行，反天之意谓之不善意行；观其言谈，顺天之意谓之善言谈，反天之意谓之不善言谈；观其刑政，顺天之意谓之善刑政，反天之意谓之不善刑政。故置此以为法，立此以为仪，将以量度天下之王公大人、卿大夫之仁与不仁，譬之犹分黑白也。是故子墨子曰：今天下之王公大夫士君子中，实将欲遵道利民，本仁察义，天之意不可不顺也。顺天之意者，义之法也。"太虚曰：观此可见《墨子》以仪法天意神权为根本道矣。夫《墨子》但以法天仪鬼为大本达道，而所谓天鬼者，又不必穷究其本柢，但以人之死生祸福及沿习之祭祀祈求等事，即可武断之曰：有帝有志，有神有权。其为说无待乎玄湛之思，其立行不出乎爱利之朴，故文章礼乐等增上伦业，在彼视之为有害而无益也！

　　吾今试略论天鬼之义焉。言天言鬼者，佛法独异。曰：天之与鬼，亦七趣之一涂，庶物之一类耳。升于人者而有天，降于人者而有鬼，其升其降，悉本乎善恶之业。则揆夫因果之律，在理无违，观夫进退之化，在事有征。然天虽升乎人而非能必为人祸福，亦犹鬼虽降乎人而未尝定受人赏罚。人与禽兽是异类而共界居者，故祸福犹有时相及；人与天鬼则是异类而又别界居者，故苦乐利害渺不相干也。按之生死流转之说，人固有死为鬼者，然而人死不必为鬼，或天、或人、或畜、或鬼，无不可受其形焉；鬼固有由人转生者，然而鬼生不必由人，或天、或人、或畜、或鬼，无不可成其化焉。故征之佛说，则天鬼虽可有形体，而天鬼于人生之罪福刑赏则无系；容或有之，亦如人与人，畜与畜，人与禽兽，禽兽与人，或爱或憎，或利或贼，相为祸福而已。与其仪法异类殊居而不可闻见之天神鬼魅，曷若仪法同貌同情之圣人贤人哉？虽然，古今方国之异政异学，其论说鬼神，殆莫不与佛之说异。大都言天神则与万有之元理、夙命、苦乐、寿夭相关，言鬼神与人之善恶、安危、利害、祸福相关。欲解斯惑，不可不更分析论之，然吾殊不敢与世人高谈胜义，今亦姑就恒情一论耳。

一、就万物论之，曷谓天？生化万物之亲因众缘是也。亲因者何？万物之自类种性也。众缘者何？一物之生，由万物交相助长；比若一动物身，由一切原行物、生机物、情识物，密移潜化，递转组成，一物不具，则生者无由得生。故《齐物论》曰：天地与我并生，万物与我为一。"而所谓自类种性，则虽原行之物，一声一色亦有自种。故《齐物论》曰："使其自己者，咸其自取。"此亲因者，物本之而生者也；此众缘者，生藉之而形者也。由胜义说，俗世所云原行、无机，亦皆有生。其化微衍，其变繁赜，非上智者不能察，故冒而称之曰天也。曷谓天帝？亦曰天则、天性、天命、天理、天秩、天法。万物形体保神，各有仪则以轨持自类之常德，虽力用交彻而分限毕足，故秩然皆有以自成自立，不相凌乱也。曷谓天神？即万物由力用交彻而縠充、而引申、而蕃息、而滋硕者也。曷谓天鬼？即万物由分限毕足而拒斥、而排泄、而累消、而浸灭者也。万物皆剿劫于无常之法，莫得逭避，知其然而不知生所以然，故亦说为自然生化，是曰元理夙命。而一物荣悴、修短、苦乐、安危,虽有分定,而亦有不必分定者;分定者一类之常德,不分定者一物之节遇也。

二、就个人论之:父母精子血胞、业识、爱情,乃至内而胎藏,外而宇宙,凡所以长养色身集起心意者,皆人之生因生缘也,所谓天也。人有俱生意我,是谓天帝。由俱生意我而用其爱见,足以蓄生益智,是谓天神。由俱生意我而用其痴、慢,足以残物害身,是谓天鬼。若夫不由俱生起而由推计起者,人也,非天也。意志为帝,知识为神,感情为鬼,义亦可通,然天人之际混矣!

三、就人伦事业论之:或国、或家、或社会、或世界。日、火、空气、地、水、动、植乃至一方国沿习之成俗,一时代遭值之运会,皆缘力也;而人类则因种也。合因与缘,概名曰天。相养、相教、相诚爱、相辅助,则人伦安荣;相杀、相劫,相淫乱、相欺诈,则人伦危败。此本乎人情、彻乎伦业之根本伦理,所谓天帝是也。天帝常一,而天神、天鬼非一。万物与个人既然矣,而人伦事业尤甚。随古今方国之沿习遭际种种不同,或神之而盛进,或鬼之而衰退。盖神者引出,鬼者归藏,此二行,无一物一事而不并驰者,特为用每有偏胜,故结果多有隐显耳。然异中又有其同也,陈陈而蜕者皆鬼也,新新而化者皆神也,日用由之而不知觉,故皆天也。此则又是有为法之无常律,莫可避逃者也。

持此三义,临观异政异学之天鬼说,无遁情矣。然此所谓天帝、神鬼无实体,实体则人与物而已。故虽是人生祸福、夭寿、荣辱、治乱之关系,特因果之理耳。理依事用而著,事有势力之限,故顺之则义，违之则不义也。非有实在人格，或冥冥、或昭昭，凭好恶之意志，行赏罚之威权者。而神教与《墨子》之言天鬼，既不同于佛说为七趣之一涂，庶物之一类，与人类无所干涉，而又执为实有人格，能凭好恶之意志，施行赏罚之威权，加祸福、贫富、生死、治乱乎人物焉，斯所以为巨谬大悖，而不容据理征诘也。夫然，可知墨子之根本义，全无可取矣。故墨家哲理，视儒道为不逮。

至《三辩篇》，则《非乐》之衍说耳。以其困堕程繁之难，不唯无充分理由之答辞，顾曰今圣有乐而少，此亦无也，则并不能强辩以自持矣。故较《非乐》诸篇，尤为拙劣。

吾于《墨子》所谓可不可玄纽者，即《庄子》所云不侈于后世，不靡于万物，不晖于度数，以绳墨自矫而备世之急，其意则是，而为之泰过，己之泰顺，其行则非也。《七患》《辞过》二篇，其《墨子》论乎人伦事业者之总纲乎。在彼战国奔命之世，诚有不得不然者，然非通常之治道也，执之一往，乃成偏至。窃观《墨子》所重乎伦业者，太上资生，故曰食不可不务也，地不可不立也。

其次财用，故曰蓄其菽帛以待水旱凶歉，积其财力而治成甲兵，衣食宫室则以围饥寒、辟风湿、别男女、和肌肤而止，此《节用篇》所由作也。夫以资生之必需，而财用之当节，故患夫民力尽于无用之功，眩文采而饰观听，习奢侈而陷冻馁，长奸偷而深刑罚，苟取敛而召危乱，于是乎乃作《节葬》《非乐》《非儒》三篇耳。有益乎资生财用之事者，则《墨子》所谓义利也。

又其次，则在尊智能之士，《尚贤篇》曰："国有贤良之士众，则国家之治厚；贤良之士寡，则国家之治薄。故大人之务，将在于众贤而已。"曰：然则众贤之术，将奈何哉？子墨子曰："譬若欲众其国之善御之士者，必将贵之、富之、敬之、誉之，然后国之善射御之士可得而众也。况又有贤良之士，厚乎德行，辩乎言说，博乎道术者乎？此固国家之珍而社稷之佐也，亦必且富之、贵之、敬之、誉之，然后国之良士亦将可得而众也。"又曰："故古者圣王之为政，列德而尚贤，虽在农与工肆之人，有能则举之。高予之爵，重予之禄，任之以事，断之以令。"曰："爵位不高则民弗敬，蓄禄不厚则民不信，政令不断则民不畏，举三者受之贤者，非为贤赐也，欲其事之成也。故当是时，以德就列，以官服事，以劳殿赏，量功而分禄，故官无常贵，民无常贱，有能则举之，无能则下之，举公义，辟私怨，此尚贤之谓也。"然《墨子》所谓公义，即是可益国家万民之资生财用者也；所谓贤士，即是能益国家万民之资生财用者也。其尚贤者，非在资生财用之外别有鹄的，以谓资生足则安，财用充则治耳。故其举贤良也，亦直以高权厚利诱之而已。

又其次，则在一刑赏之政，前者在分任股肱，而此则专责元首者也。故《尚同篇》始从里长而卒归之天子，曰："国君发征于国之百姓，言曰：闻善而不善，必以告天子。天子之所是皆是之，天子之所非皆非之。去若不善言，学天子之善言，去若不善行，学天子之善行，则天下何说以乱哉！察天下之所治者何也？唯天子能一同天下之义，是以天下治也。"又曰："古者诸侯国君之闻见善与不善也，皆驰驱以告天子，是以赏当贤，罚当暴，不杀无辜，不失有罪，则此尚同之功也。"孟子谓天下定于一，唯不嗜杀人者能一之，颇与此说相似。然《墨子·尚同》之鹄的，亦在众其人民，富其国家耳。众其人民者繁生也，富其国家者足财也。力使民生繁、国财足者是谓义利，志欲民生繁、国财足者是谓仁爱。故墨家之仁爱，不离资养之事，本此仁义而施刑政，则墨家所许为能一天之下之圣子也。

夫尚贤、尚同，固人伦安荣之所须，而无可非难者。虽然，所贵乎贤士者，各治其学而为巨子，各精其艺而成大匠，各修其行以立功德，各致其心以效微妙，而共进天下于治化耳。所贵乎大同者，行旅无阻而舟车遍达，居处无禁而风习互融，文语交喻而情意能通，工作相助而资财可共，于是乎各得生活安宁之福，优游美畅之乐耳。岂唯君长之所尚者而能众贤，帝王之所是者而可一同哉？然墨子亦知天下之圣王常少而暴王常多，君所尚者不必贤，帝所是者未可同，故欲设天鬼以统之，而曰："天下之百姓，皆上同于天，一而不上同于天，灾犹未去。"然则又由人事之实谭，而流遁于鬼神之虚说矣。故所尚之事则是，而所以尚之之术则非也。

节用、节葬，可訾者最少矣。则以无论人君庶民，凡滥用侈费者，必将抱损掠夺乎人。不然者，亦必含垢忍污，穷劳极苦，而后得偿其欲。虽得偿而贪冒之情曾无止足，种种追求还以自迫，亦终必损夺乎他人，然则诈取强劫，皆能酿人伦之危乱。且不知止足者，则常忧苦而无快乐，知止而节用，节用则常足，常足斯安乐，故节用者非以自苦而自乐也。而《墨子》则反是，日夜不休，以自苦为极，其用虽节，其劳不辍。夫迫于奢欲而勤奋者，由勤奋而得常奢欲，其苦行已难与乐受相消。而墨子则知止而节用矣，犹不自乐而奋劳苦，特安将富藏资财耳。此其所行，非为子孙之牛马，则为世界之佣奴，二者必居其一。所谓以此自行，固不爱己者也。由之而率天下人共行焉，则是率天下人皆为子孙之牛马、世界之佣奴耳。所谓以此教人，恐不爱人者也。且人人省费而节用，耐劳而自苦，蓄积资财，将何所用？岂欲令太空大地受之耶？我知彼意固将以穷劳极苦之所成者，奉献天鬼而求生天焉耳。《贵义篇》曰："故人谓子墨子：今天下莫为义，子独自苦而为义，子不若已。子墨子曰：今有人于此，有子十人，一人耕而九人处，则耕者不可以不益急矣。何则？食者众而耕者寡也。今天下莫为义，则子宜劝我，何故止我？"

太虚曰：夫众皆惰而益自勤，虽枯槁不舍其事，洵难能可贵哉！然不知任众而徒自疲苦，一手一足虽勤，曷若众手众足之易为而多功哉！故以之自处，则其愚不可及，由之偕天下而相进，则为乱之上治之下也。《瑜伽论》六十卷说苦行外道有五非狂如狂所作，第二曰："悭贪者，悭贪所蔽，悭贪因缘，所获财物不用不食，而于命终欻然虚弃。"第三曰："乐生天者，妄执投火溺水，穷毒极苦，自残生命，为生天因。"此二者，墨翟、禽滑厘辈当之矣。或曰：沙门之行，亦甘淡泊而弃华饰，大乘之士且舍生命而救有情，墨子之道，其可非也？答曰：异是。夫沙门者，以寂灭为乐，营生为苦者也。其弃华饰而甘淡泊，正以自乐，而非以为苦也。至夫大乘之士，智证唯识，观成性空，见生命之如幻，了有情之同体。如幻故物我无间，同体故法身平等。法身平等，是故无此彼之相对，无前后之相待；物我无间，是故因自利而利他，即益人而益己。性空故寂静如太虚，不见有生命可舍，究竟如实际，不见有有情可救；唯识故识性真如，虽炽然现生死而未尝舍身命，识相变易，虽未尝有人我而炽然救有情。故其奋大勇猛，发大精进，乃至舍国城妻子，弃头目脑髓，汲汲救众生者，其行则充生乎不能自己，无假勉强，其事则舍无常色获得常色，舍秽脆身获坚净身。犹夫樵者担薪归家，路遇金宝，弃薪担金，以自益而非自损也，以自乐而非自苦也。今墨子之疲己而为物役，其第一义，则奉志承则乎天鬼，穷劳极苦，不敢自休，乃苦行外道第三之非狂如狂所作耳。其第二义，则忍苦节欲而蓄积资财，悭贪保守而无所施用，乃苦行外道第二之非狂如狂所作耳。所奉事者，唯是天鬼，非能悟唯识而证性空；所勤劳者，唯是资财，非能成四智而获三身也，此宁可与大乘并论之哉？故节用之意则是，而自苦之行则非也。

墨家节葬，儒家非之，庄子亦非之，然而有不可非者。其论久丧、厚丧、殉葬之弊，所谓平民死者竭家室，诸侯死者虚府库，天子杀殉者数百，诸侯将军大夫杀殉者数十。又谓其处丧相率强不食而为饥，强薄衣而为寒，致面目陷㿠，颜色黧黑，耳目不聪明，手足不劲强，必扶而能起、杖而能步者三年。使王公行此，则不能临朝听政；使官府行此，则不能治事课民；使农夫行此，则不能耕稼树艺；使百工行此，则不能造作器皿；使妇女行此，则不能纺绩织纴。故身体病废，而财用虚乏。身病，则败男女之交，而人民之生养者寡矣；财乏，则来盗贼之劫，而国家危乱者多矣。故厚葬、久丧、殉葬者，徒苦生人，无益死尸，节之短之，理甚当也。《瑜伽论》述苦行外道第五种非狂如狂所作曰："依伤悼死亡者因缘，种种哀泣，劈攞其身，坌灰拔发，断食自毁。"与《墨子》所讥者正同。故拘泥丧礼之陋儒，实有可笑者耳。然重丧而过者，其可疼犹在乎锢情灭性，苦生人而败人事，又无益乎死尸耳。墨子仅以不能富财利、蓄生养非之，则偏至之论耳。而节之之道，必使从乎桐棺三寸、衣衾三领、葬不及泉、丧不久哭之制，亦不能通行也。何则？若就恒俗论之，则死者在世时之德业、财誉、名位有差降，而生者对于死者之哀戚有等杀，财位既隆，则葬以厚椁高丘亦何害？哀戚既极，则反以放声号哭而为乐。其思慕之者，亦随其情之轻重，或终身，或弹指，蔑不可也。节之之道，但不拘牵而事矫饰，锢性灭情，伤财败事，虚府库，毁家室，残生人，殉死尸而已，其随人、随力而行者，则千万异不为多也。夫沙门之教最淡泊矣，而释迦之化也，金棺而宝椁焉，旃檀为刍而珠玉为炊焉，分其坚刚肉骨而营饰者，直乎云汉之窒堵波盈万利焉，岂得以桐棺三寸、蓬颗一坏限之者？若就达人观之，则如"庄子将死，弟子欲厚葬之。庄子曰：'吾以天地为棺椁，以日月为连璧，星辰为珠玑，万物为赍送，吾葬具岂不备邪？何以如此！'弟子曰：'吾恐乌鸢之食夫子也。'庄子曰：'在上为乌鸢食，在下为蝼蚁食，夺彼与此，何其偏也！'"则并桐棺三寸、蓬颗一坏，亦不须矣。故知庄子非讥墨子之不当节葬，特悯其生之勤也既如彼，则死之薄也不当如此。抑以其自为薄葬之法式，欲率天下而共行之，以不平平，其平也不平，故曰：反天下之心，为天下所不堪耳。

《墨子》非乐，则最为天下所大不韪者也。虽然，亦有所是。其本意则仍在厚资生、积财用耳，故其非之者，不仅音乐，车服、仪仗、台榭、游观、文绣、雕镂、膏粱、粉黛，一切繁节缛仪，盖等取而非之矣。夫淫湎忘身，奢侈侵众，理有必然者也。痛斥之，以为恒歌酣舞而荒政贼民之君吏戒；深论之，以为毫赛冶游而荡产倾生之子弟禁。夫奚不可？且郑卫之淫声，怪迂之古乐，邹鲁间搢绅先生亦多非之矣。虽然，其泰甚者有可去，而人之情好不能绝也；其芜鄙者虽当删，而物之芳韵不能弃也。况夫音以宣情作气，舞以荡神涤形，在群众则以致民俗之安和而不涣，在个人则用保生机之涵畅而不颓。盖人类之所以乐其生者，非若下生之物，但以饱暖为满足也，必将有增上之美观，以永其性情而纡其才智，助其悲欣而写其哀敬也。故生之所需者，虽在衣食车舍，而乐之所充者，则在礼乐文理。且非礼乐文理，则其群涣散，而衣食车舍亦无由成，宁得以钟鼓琴瑟竽笙干戚之器，饥不可食，寒不可衣，休不可居，乃欲一切禁绝之哉？且人情之不可无所施写，非独征夫、学士然也。虽亩亩丘里之子，亦有其击壤、送杵、折杨、皇华之声，以相歌答欢笑，《墨子》欲取文采、音乐而剿绝之，其失人情者甚矣！《墨子》与耶教为同类，彼能风行欧土，千载不斩，而此则不百年而其传绝，彼未尝非乐，而此独非乐也。故《庄子》讥之曰："其道大觳，使人忧，使人悲，其行难为也。"歌而非歌，哭而非哭，乐而非乐，虽未败墨子道，恐其不类众人之情，其去王也远矣！

太虚曰：《墨子》立天鬼以督人，桁杨桎梏之已深矣！又益之以非乐，自弊弊人，弥复燋酷，其道之不行者宜矣！至夫儒、墨之相诋毁，固大多失情者。然余观《墨子》之《非儒篇》，所述儒者繁饰虚伪之状，亦诚有可非者，其论强半由节葬、非乐来。其诋之有至辩利者，如曰："儒者曰：君子必服古言然后仁。应之曰：所谓古之者皆尝新矣，而古人服之则君子。曰：然则必法非君子之服，言非君子之言，而后仁乎？"又曰："君子循而不作。应之曰：古者羿作弓、作甲，奚仲作车，巧倕作舟，然则今之鲍函匠皆君子也，而羿、伃、奚仲、巧倕皆小人耶？且其所循，人必或作之，则其所循，皆小人道也！"散陋之儒，大都言服古而不作，遇此二难，其钳口结舌也必矣。

《墨子》为吾所忍可者，略分四类：

一、政治类，《亲士》《非攻》二篇是也。夫人之处世，必亲近善友而后能修德进业。士为人之有术智道艺者，即善友也。然则亲士不独人君，特君人者弥重乎亲士耳。《老子》明南面之术曰："三十辐以为车，当其无，有车之用。"上句喻异材精能之士，分职专业而共举国政也；下句喻君人，无为而成国治也。然君人无为而能成用者，则以能亲士而任能也。能亲士则端默而治，不能亲士则劳瘁而不治。然亲士尤在乎知士，不知士者，则不知所当亲，所亲不当，危莫甚焉！故曰："善为君者，劳于论人，而佚于治官；不善为君者，伤形费神，愁心劳意，国愈危，身愈辱。"太虚曰：工乎此者，可使南面矣。

攻者，相劫夺杀害也，其事则凶器危道，其业则杀盗淫妄，乃人伦必须去除之祸本，故攻战事绝对当非。但《墨子》所非之之说，实未能斟酌饱满也。其以攻战为不必者，以丧徒众、耗财物也；然则能掠资乎敌而掳人为奴者，为可攻战矣！其以攻战为不必者，以地有余、民不足也；然则恐人满之患而徙地为急者，为当攻战矣！此其立论之未完密者也。至以机祥符瑞之说，为禹、汤、武三王辩护，为彼是受天鬼所命，乃诛有罪而非攻战，则不唯不足以信人，且益教人以攻战矣。吾见今世之宣战者，罔不以上帝誓师徒，故虽蹀血践尸，犹曰秉之天讨。章太炎君尝讥耶、墨偃兵为造兵之本者，以此。然仪法天鬼，是《墨子》之根本义，故遍入各篇耳。若去其根本义，但取非攻，固无不可。且偃兵为造兵本者，以其仍未能寝攻息争耳。其自方非攻之命者可讥，而所非乎攻战者，故无可瑕疵也。夫战攻一日未绝于大地，则人伦之安乐旦暮难保。然其说非兹篇能详，当专著论之耳。

二、道德类，《修身》《兼爱》二篇是也。儒家修身，以礼义而外饰，而《墨子》则曰："丧虽有礼而哀为本，士虽有学而行为本。"又曰："赞毁之言无入以耳，批评之声无出于口，伤杀之萌无存于心。"又曰："贫则见廉，富则见义，生则见爱，死则见哀。四行者不可虚假，反之身者也。藏于心者无以竭爱，动于身者无以竭恭，出于口者无以竭驯，畅之四支，接之肌肤，华发隳颠而犹弗舍者，其唯圣人乎？"不事虚仪而务实行，不用权术而务仁爱，此墨家德行之高洁乎儒道者也。

若夫兼爱，则伦业之本而众善之原也。爱，非善也，亦非恶也。然偏爱则众恶生焉，而兼爱则众善出焉，故不善于爱而善于兼爱者也。异哉孟轲，乃以兼爱罪墨子为无父，然则孟轲之所谓有父者，岂必须憎恶天下人而后为有父耶？世之陋儒，皆于是而肆其狂诋，真桀犬之吠耳！况《墨子》之所谓兼爱者，固明明曰君惠、臣忠、父慈、子孝，此与君君、臣臣、父父、子子何异哉？又曰子之孝其父者，尤愿天下人之皆爱其父，欲天下人转爱其父，必将兼爱天下人之父，而后天下人乃皆爱其父，故兼爱者所以成其大孝者也。以无父非孝罪墨子，非瞽目盲心者必不出此。故墨家之短于儒者，在礼乐文理耳；其根本之劣点，则在宰制人道于天鬼耳。然礼者忠信之薄，文者事行之华，故儒者往往流于虚矫，而鲜端悫朴诚。然则仁义道德之行，正墨之所长而儒之所短，孟轲之徒，悍然以所短非所长，何其亡耻之甚！以老之自然，庄之齐物，荀之解蔽，而代墨子天鬼之说，加以孔子之文史礼乐，而持载经理乎墨子之仁爱义利，调剂此五者为一丸，庶几人道之正乘耳。

三、哲理类，《所染》《非命》二篇是也。染于善则善，染于恶则恶，即告子所云生之为性无善无不善，决东则东，决西则西者也。至夫水之就下，激之则可上流，则《荀子》所谓性恶而可化于伪善者也。故《墨子》实丁人性为无善无不善，而善出于天志，不善出于逆天志者也。书称告子出于儒、墨之间，则告子人性无善无不善，盖是学于《墨子》者也。仁内义外，则是告子自立之义，故为墨、孟之所交诽。

非命之说，则为墨家独长。儒家多言守命，以子夏、子思为最甚，孔圣、孟贤次之，荀卿则类老庄。老庄因任自然，夙命亦是自然之节。但老庄之自然，与近人所云自然规律异趣。规律则属应当遵守，自然但是都不计较，都不计较故泛任也，泛任故无碍，无碍故自由，自由故独往。然荀卿不计乎命而守乎圣王之法，故又与老庄分殊也。然当世人嚣竞贪酷之际，道家亦有以安命宁之者，盖冥趋盲动，弥以滋患，则不若喻之以守命，犹可息妄而近真，若《列子·力命篇》是也。佛家调和力命之间者，明永觉禅师曰："世上有一种议论，谓一饮一啄莫非前定，全不由人力趋避者。若然，则为善者分当为善，为恶者分当为恶，圣贤无教化之功，下民无取舍之道，由是小人安于放纵，君子怠于进修，其遗害可胜道哉！夫世间祸福，莫大于生死，亦有命不当死而死者，佛谓之横死，凡有九种。故梵网戒中有冒难游行戒，恐其冒难而横死也。孟轲亦曰'知命君子，不立于岩墙之下'，又曰'桎梏死者，非正命也'。即此推之，可尽委于命哉！大抵天命人力，功实相参，故君子必修身以俟之。"此其所非乎命者，与《墨子》略等，而复调停于儒家知命之说，然犹未决。独杨仁山居士论《列子·力命篇》曰："北宫子以世俗之见，与西门子较量穷达，宜乎为西门子所讪笑也。幸东郭先生以天命晓之，西门子既服，北宫子亦释然心安，何其感化之速也？虽然，之三子者，皆未闻道也。夫闻道者，不为命之所囿，而能造乎命者也，且能断己之命根以出没于命所不及之处。人天三界随意寄托，十方国土应愿往生，博施济众而不受福德，永劫修行而辞劳瘁。菩萨有十力，佛有十力，皆以力胜，谓之力波罗蜜，何命之足云？若规规然以听天任命为宗，亦终于随业流转而已。"可谓圆音胜义，度越一切者矣。故《墨子》非命之说，独应道理，然其所根据以非命之理由，未能圆满。又胶于天帝鬼神之根本谬义，欲以人性无善不善而归善于天志，人生无命无分而归权于鬼神，则转增执著耳。然非非命之咎，而是信鬼之咎也。犹有墨家与阴阳家异者：墨家不信命而畏鬼，故仅于善恶而凛乎赏罚；阴阳家则察数而不安命，故怵于福祸而务为趋避。阴阳家最无足取！《墨子》不信命而致谨乎义不义之行，则吾之所可也。

四、科学类，即《经》上下、《经说》上下，及《小取》《大取》六篇，则诸子中，《墨子》独操之论理学也。《庄子》所谓以坚白异同之辩，鮨偶之作之辞相应者也；荀卿《正名篇》详制名之术而不著辩律，墨翟则审乎辩律而略制名之术。虽然，衡之亚里士多得之名学，则《墨子》为善矣。余尝欲分为十章而释其《经说》上下。云何十章？（一）名辩之缘起；知亲说闻及论知等。（二）名辩之成用；名实合为等。（三）略正成名；知恕仁义等。（四）略列可名之物；鉴影梯衡等。（五）论名；名达类私等。（六）论词；谓移加举等。（七）词蕴；久弥异时也，守弥异所也等。（八）分类；同异大小等。（九）辩式；故所以然等。（十）驳正诡辩。仁内义外等。惜其简毕脱落，语多讹乱，而前后又无次第，且虽能释明之，亦唯借印度之因明、泰西之逻辑为条贯耳，未有特殊优胜之处，故置不复论。而《小取》《大取》二篇，文句畅顺，盖最取其全书大义，依辩式而论定之者，然亦兼论分类之法，若重同、具同、连同、同类之同，同名之同。同邱、同鲋，同是之同等。及持辩之道。若夫辩者，将以明是非之分，审治乱之纪，明同异之处，察名实之理。辩取其总义，故曰大取；辩取其散义，故曰小取耳。

《经说》下曰，白马多白，视马不多视，白与视也。按，《鲁问篇》曰，譬犹小视，白则谓之白，大视，白则谓之黑。观此，可知白马多白，谓所见白色之马非一，故传于马之白色，亦离形异处而非一。然人之视马，视多马与视一马等，一马一视，一栏马亦只须一视，故曰视马不多视，此盖别于视与所视者。视，视也，白，所视也。一人视多白马，所视者多，而视者不随之而多。反之，则多人视一白马，所视者一，而视者亦不随之而一，此内外能所之可析者也。爱利，内也，所爱所利，外也，其析之犹是也。穆勒区别思与所思，义亦同此。《正名杂义》注云：视马，谓马之善视者。非是。

又《经说》上曰："故，小故，有之不必然，无之不必然。体也，若无端。大故，有之必无然，若见之成见也。体，若二之一，尺之端也。"吾意小故，即因明之因。如曰声是所作，然声不必定出所作，故曰有之不必然。声虽不必定出所作，声固多有出于所作者，不可谓声无所作性，然且无因则不能成宗，故曰无之必不然。体者，合声之有法与所作之因而论一意者也。按，《墨经》又曰："体分于兼也。"兼者，因明所谓俱品；分者，因明所谓同品、异品。端，无序而最前者也，犹今人所云极端也。一体有兼与分，体若举名曰尺。兼，若全尺，分，若一尺而有两端。尺体虽一，尺端则二。今以所作成声无常，则所作者必是无常，曰同品定有性，而常住者必非所作，曰异品遍无性，犹一尺而有两端也。故端者，以正负二性，尽有无同异之边际者也。然因之对于宗法，但取其能成立，而不必能尽宗法上有无同异之边际。故所作性虽定无常，而无常者不限所作；常往者虽遍无所作，而无所作非必常往。在声亦然，声虽定是无常，不必定是所作。因中有同品定有、异品遍无之两端，而其两端又不必能尽宗法边际，故曰体也若有端。若者，未尽之辞，言虽有端而不尽边际也。大故，即因明之喻体，如曰：凡所作者皆无常，无常性较所作性宽，故曰大故。以极成能别之宗体，而极成所别之宗依，宗依即声。足以尽声边际，无有一声而非无常，故曰有之必然。用章氏《国故论衡》说。唯其必然，故立宗以争之，设因以成之也。以声之所作性，成立声之无常性，则是以声之部分观，成立声之大公例者，亦是以散殊之思察而得决定之明见者，故况以见之成见也。合能成之见与所成之见，方是今之喻体，此体即为最大公例。穷尽边际，若尺两端，尺体定在端中，端外即是无尺，故曰："体若一尺之二端也。"二端者，是非同异也，是声必同无常，异无常必非声，此因明同喻异喻之储能乎。若以此为《墨子》之辩律，则较印度因明量七支少四支，较泰西论理法三段少一段，列式如下：

因明量：

宗　声有法亦曰宗依。是无常。宗体。

因　所作性故。

喻　凡所作性必是无常，同喻体。如车舍。同喻依。若是常者必非所作，异喻体。如虚空。异喻依。

逻辑外籀法：

例　凡所作性物必无常。

案　声是所作性物。

断　故声无常。

墨辩律：

案小故　声宗依。是所作性。因。

例大故　凡所作性定皆无常。同喻体。

《墨子》之律，虽但有案例而无断，然彼先案后例，则案之断于例者，固可不言而喻矣。三式所用三名物同，而论理法三名物皆两见，因明则宗依但一见，《墨子》则唯中介之因两见，余皆一见，故此三种辩式，《墨子》最为简捷。然检以异喻，使所成公例亦有界而不混，则因明量最谨严矣。又《墨子》及因明比量，皆可通用乎内籀术，而论理法则唯外籀，以先例而后案故也。此可以参互观之者。

至若《饮冰室丛书》之《墨子微》，其主观上之理想如是，吾不得非之。其专属于客观学者，试举其所著《墨子之论理学》略辨之。梁氏于《墨子·经说》上下，似茫然不解，仅摭其《小取》一篇中数名词，而以泰西论理学附之，务欲牵合而填砌焉，故或自欺其所知也。其释名章，释辩、名、辞三字尚应道理。以前提释说字，既错误矣。何则？在析别独称则曰命题，在联合推论则曰前提，或曰结论，因所居之章位异而异称，其质则同为两名所成之一辞耳。若以说为前提，奚别于辞？故《墨子》之所谓"辩"，犹云"论理学"也；《墨子》之所谓"说"，犹论理学中所云"推论"亦曰连珠，亦曰内外籀术。也。推论但为论理学之一节，故说与辩，其分绝异。昧乎此，恐以说为推论，将无以处乎辩，乃以说为前提。又不窥《经说》上"故"有"小故""大故"，乃以说但属小前提。夫以说为前提已误，况以说为小前提乎？至以名所举实，辞所抒意，说所出故，皆谓之断案，谬之甚矣。夫断案者，即推论上之结论耳。此但说所出故，何关名所举实、辞所抒意乎？夫学等书，其初必先论名，其次论词，其次乃论内外籀术，奈何将论名、论词者全忘却乎？故名所举实，即竹名所举之竹，木名所举之木，概言之则有名可举之事物族类皆是也。辞所抒意，合二名物而论一意，或同或异、或是或非者也。同是者曰正意，异非者曰负意，不居乎正，则处乎负，故虽两端而是一意。假为辞曰：人皆有死，则所抒者唯是正意。转其辞曰：不死非人，则所抒者唯负意矣。说所出故，即以二词或三词而推论其原因与结果也。若以说随辞，推出辞意之故，则《墨子》之推论式亦可与因明量先立宗体者同。试随前辞，人皆有死，立以为宗，人即宗依，有死即宗体。从而以说出其故曰：由众缘和合而生活故，小故。若由众缘和合而生活者，定皆有死。大故。依人皆有死一辞意，推出由众缘和合而生活之原因，此原因当否暂不论。依此原因而求得定皆有死之结果，此原因与结果，若对于人皆有死一辞意，则同为能成立之因也。故故者，实兼大前提与小前提而得其因果关系者也。小前提即案，大前提即例。以断案皆用故字，乃以故为断案，陋已！以类取，以类予，则与因明因中之同品异品、喻中之同喻异喻之界说等耳。亦与雅里氏外籀术第六律令，所谓例案两辞之中，有一负者，则判词必负，若例案两无负词，则判词必无负《名学浅说》载此。者略同，梁氏以为媒词，非是！或也者，不尽也。颇似《约结离接论》所用者，即梁氏所用以释援字者也。假者，今不然也，可如梁氏之说。效即合式之辩论法，从《小取篇》夫辩者起，至假者今不然也止，皆是合式之辩论法，故以中效、不中效要束之。此下则为或简省或复杂之便宜谈辩，不必求合乎论式者。故辟、侔、援、推四种辩，盖诡辩之不守论式，而以利其言谈者也。故《墨子》明明结示曰，是故辟、侔、援、推之辞，行而异，转而危，远而失，流而离本，不可不审也，不可常用也。梁以辟为立证，侔为比较，援为积叠，推为推论，义皆非是。此之四字，《墨子》自有界说，明白显畅，何须更解？然此四种例外之辩，《墨子》盖常用之，今试引以为证。公孟子谓子墨子曰："子以三年之丧为非，子之三月之丧亦非也。"子墨子曰："子以三年之丧非三月之丧，是犹裸者谓蹶者不恭也。"此之谓"辟"。佛经十二部中有譬喻部，与此同类。譬喻种类不一，此仅譬喻一式。《公孟篇》公孟子谓子墨子曰："君子恭己以待，问焉则言，不问焉则止。譬若钟然，扣则鸣，不扣则不鸣。"子墨子曰："今未有扣子而子鸣，是子所谓不扣而鸣邪？是子所谓非君子邪？"此之谓"侔"，顺彼之辞而还以破彼也。《大毗婆娑论》谓之违宗破、同彼破、胜彼破也。然侔之用不独破人，亦可引人说而自立。《鲁问篇》鲁阳文君曰："鲁四境之内，皆寡人之臣也。今大都攻其小都，大家伐其小家，取其牛马，夺其货财，则寡人必将厚罚之。"子墨子曰："夫天之兼有天下也，亦犹君子有四境之内也。今举兵将以攻郑，天诛可不至乎？"则以侔辞立自说矣。耕柱子曰:"骥足以责。"子墨子曰:"我亦以子为足以责。"此之谓"援"。《公输篇》子墨子之见公输盘曰:"北方有侮臣,愿藉子杀之。"公输盘不悦。子墨子曰:"请献十金。"公输子盘曰:"吾义固不杀人。"子墨子起再拜曰:"请说之。吾从北方,闻子为梯,将以攻宋,宋何罪之有? 子义不杀少而杀众,不可谓知类。"此之谓"推"。此之四种,或有虽合论理而词说增略有殊者,或属吊诡之辩全悖论理而为名学所厉禁者,兹姑请止,不复详陈。

从《亲士》至《小取》共得二十四题,《墨子》全书之义类皆备矣。从《耕柱》至《公输》五篇,要皆与其门人问答,及与儒家辩难,且游说于王公者也。其义理不外《天志》《兼爱》《节用》《非命》等所持者,其辩式不外《经说》上下,《大取》《小取》所陈者。然有一二节可辩者:"义利也,利,所得而喜也,害,所得而恶也。"此著于《经》上而亦散见全书者也。《贵义篇》曰:"万事莫贵于义。今谓人曰:'予子冠履而断子之手足,子为之乎? '必不为。何故? 则冠履不若手足之贵也。又曰:'予子天下而杀子之身,子为之乎? '必不为。何故? 则天下不若身之贵也。"太虚曰:此固两害相权而取其轻,两利相权而取其重,犁然在《墨子》所谓义利之内者。独至曰"争一言以相杀,是贵义于其身也,故曰万事莫贵于义也",则于自所立"义利也"之界说,翩其反矣。身者,义利之主也。义与不义,以利与害决之者。利与害,以人身所受用而喜与恶决之者。然则无身则无受用,无受用则无利,无利尚何有义? 争一言而杀身,不义莫甚矣。以不义为义,而以此不义之义为贵于身,何其僢欤? 果尔，则杀人不唯非不义，且足以成人己之义。何则？争一言与争一地同，争一地与争一钱同。我人也，彼人也，我以争而杀身，可以为义，彼以争而杀身，亦可为义；我与彼争而我为彼所杀，我固成义，彼与我争而彼为我所杀，亦成彼义。义既天下之所最贵，则人固应唯义是务。彼不能争，我迫彼争，我不能争，彼引我争，是务义也；彼不自杀，我杀彼身，我不自杀，彼杀我身，亦务义也。然则义虽可贵，奈违重生爱人之自宗乎？奈世间将无噍类乎？《墨子》之道不怒，今以一言而相杀为义，乃其矛盾自陷之甚者也。吾意必人人重身爱人，而以身为义利权衡，损身曰害，益身曰利，则颠倒之情庶可渐转耳。

《鲁问篇》曰："凡入国必择务而从事焉。国家昏乱，则语之尚贤、尚同；国家贫乏，则语之节用、节葬；国家嬉音湛湎，则语之非乐、非命；国家淫僻无礼，则语之尊天、事鬼；国家务夺侵凌，则语之兼爱、非攻。"太虚曰：信斯说，子墨子何其善用方便权巧耶。夫善识药病，用以对治病恶，则虽天志、明鬼，吾亦许之。何则？砒礵、巴豆，善用之亦能愈病故。然《墨子》以法天、仪鬼为根本义，自胶胶人，自燔燔人，又极偏重节用、聚财，而以非乐自苦苦人，曾无解脱之谈，宁有融圆之用哉？

从《备城门》至《杂守》十一篇，皆禽子问、子墨子答者，其事悉从非攻演绎而出。盖墨子所非攻之术，著于《备城门篇》。城池修，一也；守器备，二也；堆粟足，三也；上下相亲，四也；四邻诸侯相救，五也。前四为内政，后一为外交，略与今之谋国者同。彼时为战国世，今亦为战国世所以同也。未能晓人不攻之道在乎荡除盗府，政府即大盗府。泯平国界，是故不得不谋守户之术。但善自守而不攻人，使彼攻者无可劫掠，则久之必厌倦其攻，亦是息攻之良法。而此之十一篇，则皆论修城池、备器械而自守者也；专造守城之器而御战攻，故与战士有异。虽然，此实不足息攻而反以滋攻耳！守者亦为私利而守，攻者亦为私利而攻；守者能尽巧以为守，攻者亦能极智以为攻。然则城守之器益备，梯攻之器亦以弥精，两器相消，何曾足恃？两术相长，适以济恶。其未可者一也。虽有出众工巧，使攻必败而无胜，不敢侵攻，则制器与用器者，亦在乎人耳。蚩尤造五兵战黄帝，反为黄帝取之而杀其身。故器之可以拒人者，亦即可以攻人；而能造守器者，其法亦即可造攻具。墨子虽能守御弗攻，安保传其术者不改用而为攻，并变其法制以造攻具乎？彼大盗者，圣智之法且能盗之，况区区守御之具乎？其未可者二也。要之，非尊生重身，尚同兼爱，破家亡国，天下太平，攻战趋死之风未能息也。

虽然，当战国奔命世，亦不可无墨子其人，抱瓮倾罂，焦头烂额，力救生民焚肤之急。今之世则一放大之战争场也，真有墨子其人，固将有香花顶礼之者。故庄子曰："墨子真天下之好也！特其行可偶而不可常，其道偏枯而不充容耳。"且无以宁解其根本惑，则以火救火，势将益烈。吾闻《墨子》之传，在中国斩于西汉时，而耶稣于其时兴犹太，安知非墨道不行于中国，转辗流入犹太邪？彼教徒之志行，何其与墨翟近似耶？然教义少有参差者，则犹太新教固以犹太旧教为质素，而更传于墨义及婆罗门教义者也。姑置其教义而言彼教所行国之民俗：重财爱国，一也；争义轻生，二也；争强果敢，三也；巧于工作器物而致资命攻守之用，四也；能持坚白异同之辩，方平圜直之数，而察类辩物，探资研力，五也；能执觭偶不仵之辞，功利竞进之说，而尚刻博异，鸥张狼奔，六也。彼海西诸族，殆皆墨翟之苗裔欤？夫痴见共流，爱慢同穴，无所简择而务驰骋，亦苦乐善恶杂然相进而已矣！乱之上也，治之下也。此风今且靡靡天下，一墨则不足以救，众墨则适足相挠斗。毗墨之道，一往而无所回顾，则今之世其去吾人所爱之和平，益以远矣。悲夫！

《觉社丛书》第三期

非韩愈

自佛教来东震旦土，韩愈之前，儒流起为排斥者，寥寥无闻，而论诤倾轧者，皆出于习黄老学及谬托道流之黄巾米贼。崔浩、傅奕虽史官，其先皆黄巾，故蛊惑帝主以灭佛，不在兴儒教而在兴道教；儒者则往往调和其间，雍容评订，多右佛而绌道，观《弘明集》《广弘明集》所载者，详矣。韩愈独树帜辟佛、老，自比孟轲拒杨、墨，谬种传流，抑若一辟佛即足以为大儒，儒之辟佛者乃竞起。

然韩愈多言无行，讦悖而不能自信信人，当其生盖少有悦从者。旧唐史讥愈恃才肆意，有戾孔孟之旨，讥戏不近人情，文章甚纰缪。其友柳宗元，深非愈斥浮图，谓浮图诚有不可斥者，往往与《易》《论语》合。退之所罪者其迹也，非所谓去名而求实者矣。又若张籍，其为辞辟老，虽与愈同，然于愈之言行多不足，数数贻书规其过。尝曰："比则执事多尚驳无实之说，使人陈之于前以为欢，甚有累于令德！又商论之际，或不容人之短，如任私尚胜者，亦有所累也。先王存六艺，自有常矣！有德者不为，犹以为损，况为博塞之戏与人竞财乎？君子故不为也，今执事为之，废弃时日，窃实不识其然。愿执事绝博塞之好，弃无实之谈，嗣孟轲、扬雄之作，辨杨、墨、老、释之说。"愈虽与籍友善，卒自文而拒其谏。晚年立朝廷，名誉已高，陷溺弥甚，一无所建白，唯以文、酒、博塞、酬应、媚流俗。见龙子《非韩论》。老弥淫毒，服丹砂、雄鸡以健阳道，卒之以死。观此，可见愈嗜好下劣，言行乖僻矣。抑愈尤无操守，以谏迎佛骨被贬潮州，遽惴惴恐道死，乞灵湘江女鬼，兄事毛仙翁求其术，上尊号，请封禅，媚上希回复官。皆见《愈文集》。大颠师斥其辟佛为舜犬妾妇之行，气结无以难。黄鲁直曰："退之见大颠后，作文理胜，而排佛之辞为之沮。"既服其道，复答书孟简作自文计曰："大颠颇聪明，识道理，故与之交游，非为求福。"夫信佛岂专以求福者，用此自解，适见其不知佛而辟佛，为舜犬妾妇之行耳。愈尤躁妄于进，试礼部时，遍上朝宰书，词卑颜厚极矣。张子韶曰："退之累数千言，求官于宰相；至第二书乃复自比为盗贼管库，且云其大声而疾呼矣，何略不知耻？"余谓愈虽善属文，亦淳于髡之流，至局脊儒言而不能守，行节亏缺，则犹下矣。逮欧阳修力推崇愈所为文，后世儒者遂沿习尊奉之。

然宋明来，非愈者亦多，殆掊击无复完肤；第俗儒少读书，故为所惑耳。西蜀龙子有《非韩百篇》，明教嵩师有《非韩三十篇》。二书皆折以儒者所宗经义者，不独斥其理论乖谬，辞句间亦多纠正。诵韩文者，不可不兼读此二书。苏轼亦有《非原性》等篇，且曰："退之与圣之道，盖亦知好其名矣，而未能乐其实，支离荡伏，往往自叛其说而不知。"王安石亦讥之曰："人有乐孟子之拒杨墨而以斥佛老为己功，呜呼！庄子所谓夏虫者，其斯人之谓乎？道，岁也，圣人，时也，执一时而疑岁者，终不闻道矣。"二程、朱、陆，亦往往不足愈之言行。而阳明《传习录》，则曰："退之，文人之雄耳，以语圣人之道则远矣。"至若张商英、刘谧辈，著书非其说者尤伙，吾宜乎可以无言矣。虽然，彼皆泛取愈之言行论之者，吾书之旨，凡不关及乎佛教者，概置不辩，独取其语涉佛教之文，条分篇章，据理深斥焉耳。

愈之《原道》曰："博爱之谓仁，行而宜之之谓义，由是而之焉之谓道，足乎己无待于外之谓德。仁与义为定名，道与德为虚位。故道有君子小人，而德有凶有吉。《老子》之小仁义，非毁之也，其见者小也。坐井而观天，曰天小者，非天小也。彼以煦煦为仁，孑孑为义，其小之也则宜。其所谓道，道其所道，非吾所谓道也；其所谓德，德其所德，非吾所谓德也。凡吾所谓道德云者，合仁与义言之也，天下之公言也；老子之所谓道德云者，去仁与义言之也，一人之私言也。"

驳曰：张籍勉韩愈作一书，昔扬子云法言者，以存圣人之道，而排斥佛老之说。愈始则谢以二氏为天子公卿辅相所宗事，畏而不敢遂成为书，继又大言自壮曰："然观古人，得其时，行其道，则无所为书。书者，皆所为不行乎今，而行乎后世者也。今吾之得吾志、失吾志未可知，俟五六十为之未失也。天不欲使兹人有知乎，则吾之命不可期。如使兹人有知乎，非我其谁哉！其行道，其为书，其化今，其传后，必有在矣。吾子何遽戚戚于吾所为哉？"交芦子曰：愈之言如是，而晚年既显贵，纵未能行其道，亦应为其书矣。而传者谓其晚年益颓唐，一无所建树于朝廷，吾尝疑之。读《原道》而后知愈不唯未尝知佛、老，抑未尝知儒。其立论前后相刺谬，亦矜气求胜人而务显才名，耸动观听，冀略取高官厚禄耳。宜其年长位隆，益靡然也。

就此章观之，初之四句，可暂许为一家别义；曰道与德为虚位，仁与义为定名，则谬极矣！不第与宙合内人之言道德仁义者大相左，而愈之一篇中，自为抵牾者尤甚也。夫道德既唯虚位，则题曰"原道"者，亦岂即原此虚位乎？有为韩愈圆其说者曰："韩愈意谓仁指博爱，义指行宜，仁与义之名有所定指，故仁与义为定名。若夫道，则仁义所由而之焉者耳，若夫德，则仁义所充而足乎己者耳，故道与德为虚位。"交芦子曰：信然，则道指由致所至，德指充足乎己，道与德何尝无定指乎？何尝非定名乎？果如其说，益见虽有仁义，非道则终不能由致而至，非德则终不能充足夫己；非道德则人自人，仁义自仁义，人与仁义两不相关。仁义纵实，既与人不相关，以人言之，则虽谓仁义为虚无可也。此正显人之所必有者在道德，人唯实有道德，乃能由焉至焉而充仁义足乎己。夫然，是仁义待道德而后实，非道德离仁义则为虚也。

请更为譬说以喻之：人譬之舟，仁义譬之舟之行，而道德则譬水之负舟而成行也。舟离水则不能行，故非水则以舟言舟，固与行动绝不能相辅，而水之为水，虽无一舟行于其中，卒自若也。抑犹有进焉者，舟者水行之器，离水则不能行，即不得谓之舟；舟在水未有不能行者，亦未有必须常行、必能常行者，虽有时不行，行动之本能固依然在，而不失其为舟。人离道德，即不得谓之人；人果体合道德，未有不能行仁义者，亦未有必须行仁义、必能行仁义者，虽有时不行仁义，行仁义之本能固依然在，而不失其为人。故以人言人，实莫实乎道德，不可须臾离焉，而仁义则可有可无者也。此适以明仁义是道德之人所现起之分理，非若道德而实有所指者耳。曾何足为韩愈圆其说乎？虽然，韩愈之证明道德是虚位者，固在道有君子与小人，而德有凶有吉二句。彼意谓道德犹君位，尧舜可居，桀纣亦可居。尧舜居之，则随之而君子，随之而吉；桀纣居之，则随之而小人，随之而凶。故道德为虚位。而实之者，则在处君位者之事行。尧舜之事行，仁义也；桀纣之事行，暴戾也。仁义与暴戾拒非若道德之能兼容，故仁义为定名。殊不知道德仁义之义界非一，引据一古义以为立，亦即可引据一古义以为破。此不必远征也。博爱为仁，行而宜之为义，是韩愈所自立者也。煦煦为仁，孑孑为义，是韩愈指老子之所见者也。然则道或君子或小人，德或吉或凶，故道德为虚位者，今仁或博爱，或煦煦，义或行而宜之，或孑孑，何独非虚位乎？若曰，煦煦、孑孑，实非仁义，故仁义为定名，则独不可曰小人与凶实非道德，故道德为定名乎？抑道若必兼小人者，何以书称殷受不道；德若必兼凶者，何以传称孤唯不德，罹兹鞠凶。且既决以道或君子或小人，德或吉或凶，而仁义唯是君子道之吉德，则益显道德为大，仁义为小，道德必赅仁义，仁义不足以尽道德耳。且既决以小人与凶亦为道德，得道德之半，何足以见合仁与义言之，必为天下之公言？去仁与义言之，必为一人之私言乎？前后矛盾自陷，吾有以见愈之进退失据耳！

吾请为《老子》反其说，以见趣曰：韩愈之虚道德，非毁之也，其见者虚也。掩目而观世间曰：世间虚无物者，非世间虚无物也；彼以由是而之焉为道，足乎己无待于外为德，其虚之也亦宜！其所谓道，道其所道，非吾所谓道也；其所谓德，德其所德，非吾所谓德也。凡吾所谓道德云者，仁义不足以尽之者也，天下之公言也；韩愈之所谓道德云者，局脊乎仁义者也，一人之私言也。虽使奉韩愈为祖师者观之，固亦不能为韩愈争胜也。盖此类皆模棱两可之言耳。且《老子》亦自有道德仁义之义界，细读《老子》自知，初未尝曰煦煦为仁，孑孑为义也。亦失道而后德，失德而后仁，失仁而后义。失道德而后仁义者，亦犹云失王而后霸也。霸虽未王，固必以尊王而后谓之霸。《老子》何尝曰必去仁与义，乃为道德乎？韩愈亦凭己之臆想而诬《老子》所言仁义道德，如彼之所云耳！最可嗤者，杨诚斋为韩愈救其谬曰："道德之实非虚也，而道德之位则虚也。"然则独不可曰仁义之实虽非虚，而仁义之位则虚乎？唯杨龟山谓："《中庸》曰：'天命之谓性，率性之谓道。'仁义，性所有也，则舍仁义而言道者，固非也。道固有仁义而仁义不足以尽道，则以道德为虚位者亦非也。"斯则差能举道德与仁义之分者。然欲就道德仁义之涵义，抉择众家之说而绰约其言，盖非短论可斟酌饱满而无渗漏，故吾今但破韩愈之谬，而未尝自立道德仁义之理，此读文者所当知，而不得执吾言以难也。然韩愈之说，已榷为齑粉，虽累千万喙，亦不能为之辩护矣。陋哉韩愈！何足以原道！

《海潮音》二卷五期

唐代禅宗与现代思潮

一、绪论

　　禅宗始于唐代，亦不终于唐代，今不曰支那禅宗而曰唐代禅宗，何耶？曰：唐之一字，即所以标举支那禅宗，而示别上非印度，下非朝鲜、日本者也。顾于支那必又示别之曰唐代者，则因李唐以前，才有一个、二个之禅师，于佛教犹未呈现何种之功效，于世道人心亦尚无何影响，故未足以云禅宗也。经五代而入于宋，佛教殆为禅宗独占，禅宗既扩成为无等之大，于是浸假收容教、律、净、密而调和混合之；宋、元、明以降，更吸揽儒家、道家而融贯之，渐失其本来纯粹之真。独唐代之禅宗，形神初完，淳朴未漓，故言禅宗必言唐代之禅宗也。今不从禅宗以言禅宗，而以现代思潮之对映乎唐代禅宗者以言之，非徒应用现代思潮以发明唐代禅宗，反之亦应用唐代禅宗以发明现代思潮也。兹请本斯意分述于下：

二、宗门与学术思潮

此所云"宗门"者，非一支之宗派、一家之门庭之谓也。乃《楞伽经》中所说"佛语心为宗"之宗，"无门为法门"之门也。他处亦谓之禅宗、佛心宗、心印宗、教外别传、心地法门等，要皆随分设名，而举不足以强名此无名可名之宗通法门也。夫既一切胥无正名，则今亦不妨姑随顺世流布语以为之名曰"宗门"，而取现代之学术思潮以微拟之。

甲、反信教的学术精神

（一）反信教的精神

夫所以树宗教之威权而系人心之信仰者，要不外乎隆重其一教之教主、经典、戒律、形仪，视为绝对不可侵犯之神圣，而必应恭敬遵从奉行者是也。据是以观佛教之宗门，则适成其反耳。试分述之：

1. 教主。世之宗教，无不由开创之人，在人界之上提出一个或多个之天神，以为彼一教之徒所尊奉之教主。不然，亦必以教主尊奉创教之人，隆礼无匹。而佛教即在最初小乘之近事徒众、求寂徒众、破恶徒众，亦已廓清此种神圣之尊奉。不唯不尊奉人界之上任何之天神等类以为教主，且释迦牟尼尝与近事等徒众极言不应礼拜奉事诸天鬼神，唯当自修福慧以求出要，则胥一切宗教之迷信，已皆在反对中矣。而近事等徒众之视释迦牟尼，亦因从之修学，奉为先觉之师耳。所云佛陀，亦唯"觉者"之义，绝不含"神圣尊上"意思。迨释迦牟尼示寂之后，大小乘经律既行，编辑流布；依释迦牟尼入世幻化之迹，探证其圆满成就真实之本，遂颇由先觉大师而兼救世恩主之义。塔像之饰崇既严，教主之尊奉粗备，然经中亦早有"依法不依人"之说，以为开脱。降至于宗门，则又反溯未有牟尼、未有佛陀之前，彻底掀翻，和盘拆卸。如何是佛？曰：干屎橛。拈一茎草作丈六金身用，拈丈六金身作一茎草用。丹霞既烧木佛，百丈亦不立佛殿。云门复曰"老僧当时若见，一棒打杀与狗子吃，贵图天下太平"。而又恐愚人于教主之迷信才去，宗祖之迷信早来，德山等乃并佛与祖同时呵骂之。后复有老僧欲唤祖师出来洗脚，直使三世诸佛、历代诸祖滚漉漉地无处立足。在言者固属谈火不烧舌头，而学人依倚名相，所生取著之情（信教意念），亦大有树倒藤枯猢狲散之概。此其反破于信教之精神者为何如欤！

2. 经典。释迦既自云"吾四十九年未说一字"，尽将其尘说、刹说、炽言说者一语勾销。而灵山会上，复逗迦叶合唱拈花微笑之剧。迨乎达摩面壁默坐，久之云："直指人心见性成佛，教外别传不由文字。"三藏、十二部经典，与诸论著、疏记、戒律条规以言说文字称者，不几已等乎扬灰长风、飞空绝影耶！而又恐痴人颠倒迷乱，诽谤经论而反执著宗祖之言语也，乃极禁学人之记录其语。后复有人以三藏经教、诸祖言语，同遮拨为拭脓疮之烂纸者，直令人人胸头不挂留佛教祖典一个字脚。倒转头来，却又任何粗言俗语、艳曲淫词、讪笑怒骂，莫非第一义谛者。此其反破于信教之精神者又为何欤！

3. 戒律。释迦牟尼之初化人世，随机说法，闻者依以思修，未尝有何种禁条定律以拘束身心者，而大众亦各各自成其和悦清净仪则。久之，始渐因徒众中间有愚痴烦恼深重者，偶有违行，为佛呵禁，由是续续因事制宜，戒条浸见繁密。其后乃录为条文，并记其制立之事缘，成为律藏。以极尊之仪轨受之，复须以极严之规范守之。而大乘亦有《梵网》之《心地品》，《璎珞》之《本行品》等，广陈戒相。然大乘之戒律行仪，实唯自性中所宣发之德行而已，一一以觉心为本，以智为导，持之于深微之动机，故曰心地本行。其著乎外表者，亦暂以小乘在家出家七种徒众之律仪为依上，在形迹名相初无何种定执。推演至于宗门，最初佛陀跋陀罗既先为律众所不容而走依慧远；达摩菩提之在小室，或且讥为壁观婆罗门；慧可时出入淫坊酒肆调心，尤不理于道宣诸律师。虽至唐、宋之后，宗门之人犹大都为律家视为粗行沙门。故道一遂显然脱离律居，创为丛林，自行宗化。怀海从之，卓立其农禅之风规，一改向来乞士遗制。由唐迄宋数百年，宗门之徒汲汲以毁律寺成丛林为能事，往往可考。律寺，梵语累毗梛耶处，直译云调伏处，是显然有部勒禁抑之义者。若夫众草曰丛，众木曰林，则不过是行道修德所团聚之群众而已。其饶有自由平等之风尚可知矣。此其反破于信教之精神者又为何如欤！

4. 形仪。塔像、衣钵等形制仪状，皆滥觞佛世，而渐备于初五百年之小乘化。由龙猛之后，密宗勃兴，形像纷陈，仪轨繁设，形仪烂然矣！汉明梦金人之至，摩、竺赍经像而来，形制仪状，浸盛于姚秦、萧梁之代。出家者不称俗姓，同为释子。道安之后，既皆遵依经律，而一钵、三依，居不离身，本为苾刍常式，要亦出家者之所共然。而宗门之化，亦即萌发滋长其间。达摩、宝志、傅玄、慧可、寒山、拾得、丰干、布袋等僧俗，既皆傀异奇特，迥不犹人。而卢行者、马祖、邓隐峰辈诸宗祖，亦往往以俗姓著称。空室、据座，略仿净名之示化；顶笠、腰包，拟同善财之参访。南泉斩猫，归宗断蛇，大用现前，不存轨则。或弄船江上，或鸣锡云端，或吊影崖岛，或混迹市廛，或拈棒行喝，或张弓舞叉，学女人而戏拜，择肥肉而大嚼。昔舍利弗以耕治田园、种谷植树为下口邪命食，而唐代宗门诸德，则多刀耕火种，自食其力，夫尚何形制仪状之可能拘束哉？所贵者，盖唯在乎称性发舒之德行耳。此其反破于信教之精神者又为何如欤！

（二）学术的精神

1. 科学的。科学的精神，其要唯在乎实验之发见，在理论上则归纳之判断是也。而系统之组织与精密之划分，犹其形式上之余事耳。宗门既拨除一切经论教义，则其势自专趋乎实验，且尤贵从见闻色声上随缘荐入，深戒默照冥想为坠在黑山鬼窟。其最富科学之精神而为科学家所望尘莫及者，则须各人自己从实验上发见到彻尽中边的时节，归纳一个"天下老鸦一般黑"。若在他人则仍不得援用其语以为推演之依据，若非也从自己实验得个一般的出来，绝端的不能妄许。故其归纳之判断虽然卓然不无，却又能恒保此科学之精神而不堕入科学之形式，致由实验归纳重走入推理演绎之迷路，此诚现代科学所由发达之源也。

2. 哲学的。哲学的精神，其要唯在乎现实之怀疑与本体之究证。若夫说明现实为如何若何，及构画本体为如何若何，则转为植荆棘于修途，挺榛莽于坦道。对于现实怀疑之发轫，则自必取世间流布之学说一一审查而批评之，一一不能得满足凭信。而现象纷弥，实用昭著，又不容掩而没之，则进而穷究其本体，自必迫不得已。卒之，虽忽然得其证会，自心了了，欲安立名言以为表宣，其事终类吹网以求气满，势不可集。反之，则謦咳、掉臂、扬眉、瞬目、水流、山峙、鸟飞、兽走，亦复无不整个活跃。此时还观昔所非拨之学说，又孰非颗颗皆圆妙无住之泻地水银，可拈来自由随意施用者哉！世之治哲学者，于现实尚未能有彻底之怀疑，以豁破一切俗网而急于为种种之构想假说，故皆不能真个有所成就，而唯宗门乃为真个完成哲学之能事耳。

3. 艺术的。庖丁之解牛，丈人之承蜩，皆所谓进乎技者。而在佛法中，则有得种种善巧、种种解脱、种种三昧之说。世人应用之，遂有文字三昧、诗三昧、书画三昧等言。昔苏轼深味禅悦，尝喻之以写字：必墨忘乎纸，纸忘乎笔，笔忘乎手，手忘乎身，身忘乎心，而于字始臻神化巧妙之禅境。今从唐代宗门诸老古锥观之，不唯其自己胸襟中所流出、偶然流布人间之一言半语，皆有灵珠宝玉、光彩内含之美；所制作诸篇章、诗歌，亦特著神气活现之妙，在世间一切文字外另成一种如出水芙蕖、如舞空龙凤之活语句。艺术的文学，于是叹为观止！此于文学既然，放观其一、一笑、一动一止、一进一退、一语一默、一问一答、一投一接、一棒一喝、一回一互、一镬一锄、一扭一掌、一茶一饭、一花一草、一吹毛一竖指、一垂足一擎拳之间，无不有收放杀活之势用，跌荡飞动之兴趣。其箭锋相柱之机，啐啄同时之巧，击石火莫能喻，闪电光莫能比。即聚自然之妙以献身宇宙大舞台，亦安得有如是之惊人奇艺哉！

4. 道术的。昔宋之大儒见唐代宗门先德之道影，瞿然惊曰：若非者个，定然作个渠魁。夫古书谓予有三千人唯一心，是以得王；纣有亿万人亿万心，是以失国。而达摩之在嵩岳，亦面壁坐耳，神光辈亦何所希冀，久历年所，呵斥不退。终且立雪以俟，断臂以求，此其中究有何故存耶？而至唐代诸德，把茆孤峰，拒人千里，学者益瞻风而拜，望影而归。所到辄成丛席，棒打不退，水泼不散，毒骂不怨，玩弄不恨，竟于世间一切骨肉恩爱、昏宦欢乐皆弃之如遗矢，而初未尝以言说诱之、声色炫之、名位系之、爵禄縻之、法令禁之、刑赏威之，此其中究有何故存耶？且尝夷考其实，所谓以心传心、心心相印者，卒不过曰汝既如是、吾亦如是，而绝无一点龟毛兔角之法以为拈付。虽然，此所谓汝如是者，必在当人自荐得之；自未荐得，必莫知其所然，一旦荐得亦曰得心之所同然而已，宁有他物哉？得心之所同然，则佛祖、圣贤、天人、物我、飞潜、动植、中外、古今之心皆唯一，而恒沙界外一滴之雨、一星之火莫不依归乎一心。如铁屑之向于磁，如赤子之投于母，故自然刀斫不入，斧劈不开，而何有乎三千人一心之王哉！故虽平易近人，仅令人自得其心之与佛与众生所同然者，自肯自信，别无何种奇妙玄奥之义，而其道术自天上莫与比降也。

乙、反玄学的实用精神

印度之婆罗门教，既包孕世间一切教宗学术之质素，引伸推演，发扬滋长，进而至于因明论、数论、胜论诸派，建想高深，立思幽奥，早为大地诸玄学者冠。牟尼出世，顺应以大小乘诸部之阿毗达摩经说。厥后，大小乘诸论师更剥茧抽丝相似而成为《毗婆沙论》《俱舍论》《成实论》《瑜伽师地论》《中观论》《成唯识论》诸论。来支那于魏、晋、六朝之代，又和之以老、列、庄、易等清谈之说，大含太空，细入微尘，盖不唯探之冥冥、索之茫茫，出乎天天、人为人人，而直探乎空空、索乎有有，出之神神、人之化化矣！得旨者，固将益妙其用，而失意者比比漫羡兴叹，莫知所归。逮达摩既以不立文字、教外传心倡，至唐代六祖惠能更以目不识丁之人，以简单浑朴粗俗质直之语，飘落玄学之士，使皆舌挢卷而莫之放。迨后，马祖、石头而下，不唯说法谈理，贵专对当前特殊情形机会，用俗语、白话单言直指，务求实际应用之适当，而洗空一切言论学理之形式。且推此实用精神而见之行为，故不适于支那唐代之传来乞士律仪，亦经推翻之而自建农禅之禅林也。昔一僧见赵州从谂禅师曰："阇黎玄乎？"曰："玄之久矣。"曰："阇黎若不遇老僧，几乎玄杀！"德山于烛光灭处，既得见龙潭之大用，遽取其所著《金刚经青龙疏钞》投之火曰："穷诸玄辩，如一滴投于大海；竭世枢机，若一毫拟于太虚。"而其平实为人，唯在乎饥来吃饭困来眠而已。乌乎！此真实际主义之宗极，而何取乎近世詹姆士辈，嚣嚣然涂世人之目、乱世人之耳之口头的实际主义哉！

丙、反理论的直觉精神

宗门之悟入方法，绝对废除理论，专用直觉为接机之化，固稍览禅录者无不知之矣。而新近法兰西人柏格森，乃亦以直觉方法之哲学倡。按诸其实，彼盖于意想中徒有所谓直觉之一心像，而初未能亲得一度直觉之体验，故虽能举其名而莫能证其实。且于己既未尝有所亲得，则自不能施用诸人。而唐代宗门诸祖，则真能由直觉之门以开悟人者也。无位真人放光动地于六根门头，无相法身迥脱独漏于万象光中；扬眉瞬目，擎拳竖拂；一喝三日耳聋，一棒通身骨露。施之者唯欲亲切了当，求之者不管丧身失命。虚空粉碎于句前，大地平沉于掌下，彻之者诚不自知其手之、舞之、足之、蹈之者之为何物。而其理亦微露乎尼总扬对达摩曰："吾如庆喜之见阿閦佛国，一见不再。"唐代禅师复有见色闻声只可一度之语。而晚近人以野游兴感、举物图形著称直观主义教育，而不悟秋毫一差，白云万里，徒仿其形似之迹，其实在精神，早牿亡无存矣！

剑去云久，犹刻舟以求之；兔逝云远，犹守株以待之！诚有"一兔横身当古路，苍鹰一见便生擒"，与"后来猎犬无灵性，犹向横桩旧处寻"之较也！

丁、反因袭的创化精神

尝放观东西古近一切教宗学派，当其发达之时，莫不有一种蓬蓬勃勃奋兴前进之精神，长驱迈往，而不相因循袭守，所云创造的进化的精神是也。然此创造的进化的精神，乃无有能及唐代之宗门者，约略言之：

（一）机教之创化精神

因机感而施教育，有因一个人之特性者，有因一时代一方俗之殊宜者。其因一个人者不得而论，以论其因一时一方殊宜，则设化之时代既易，而施行之方法随变。黄梅、曹溪不因袭乎达摩、慧可诸师，而希迁、道一尤迥然不因袭前人，百丈、沩山诸祖亦然。至五宗、七派之门庭角立，后代欲争称为某宗某派之嫡骨儿孙，断断乎从其曲为当时之门庭施设，以分辨其宗旨之所存而执守之，此宗门之机教的创化精神乃牯亡无存！至明代且大贻笑于俗汉，若黄宗羲辈。至今则录临济、曹洞源流为第几世第几世以禅宗自居者，无非掠取野狐涎沫向自家口边，与禅者相濡以沫，而鲜有赧颜知耻者矣！

（二）传承之创化精神

门宗常言：此事必智过于师乃可传授，没量之汉乃能承当。盖葛藤一代增加一代，而机智一代复杂一代，盖非过量智人，则鲜能不绊倒前人的葛藤堆里，得一一透过，自造炉锤，以亭毒消息乎繁然杂出之机智，杀之活之，杀活自由者。晚宋来只能利用一板定格式的死话头烹炼学者，绝少出奇制胜之术。虽由学者机智之劣，抑亦无有能开创进化之过量智人以传承祖位，故墨守成规，愈趋愈下，一代不如一代，降至近今宗风扫地之状也！

（三）道场之创化精神

达摩以至曹溪，皆所至由自己创造一道场，各成一方之化，无有守承师之寺院者，师亦无有以寺院传付责令守成者。至于青原、南岳、石头、马祖、百丈、沩仰、南泉、赵州、黄檗、临济等等，尚掩耳不欲闻一言一句之传授，唯以从自己胸襟流出为贵，况肯受寺院产业以为之守哉？深山广野，所至学者从之，即成丛席，故无往非创化之道场。而后世顾拘拘唯以传付一寺院之方丈位为传法，甚至有以法卷为凭而涉讼争寺产争方丈者，师师徒徒习焉相忘，真不知其脸皮之多厚也！

戊、全体融美的精神

人生心行，往往难得中正。执空理者守枯寂，著实事者滞粗劣，此皆有蔽其全故著其偏，有昧其体故碍乎用者也。近之士君子之所优美，远之佛菩萨之所圆融，虽意言上未尝无此称颂弗衰之一境；若今德意志入倭铿所倡理想主义之重行为、尚活动、超自然、越思考的精神生活。而按之现实之际，则除宗门禅师之由大死而成大活者，此所谓全体融美之精神，亦终为意言中之一理想之境而已。古德云："三十年前，山不是山，水不是水；三十年后，山还是山，水还是水。"盖至是，自然生活乃泯合精神生活，人境俱夺，人境俱不夺，不相掩而相遍。山河木石全露达摩之身，鳞甲羽毛俱彰禅那之体，擎天覆地不离日用，搬柴运水总显神通。虎啸、龙吟，狮行、象步，咳唾、掉臂，皆大人之相好；嬉笑、怒骂，亦丈夫之调御。空谷寒岩，活泼泼水流花放；名场利市，冷湫湫潭净月明。无心于万物，万物常围绕。铁牛不怕狮子吼，木人起舞惊花鸟。扑落非他物，纵横不是尘，山河及大地，全露法王身。妩媚哉，此全体融美之精神化！微妙哉，此全体融美之精神化！融融泄泄，美美满满！

己、自性尊圆的精神

最近英吉利哲人罗素尔之哲学，世人称之曰绝对的个性主义。一方面是绝对个一的实体，一方面是绝对普遍的理性。盖略同一室千灯之喻，光光互遍全室，灯灯各住自位。然犹是意拟之假设，而未达亲证之现量。余往者尝说儒书"中和"之义曰：中者，万有各极其性体而独超对象，故为宇宙之大本；和者，万有交兴乎业情而互应成化，故为宇宙之达道。其说未尝不仿佛罗素尔之绝对的个性主义，然亲切多矣，而犹未入自觉证智之宗通法门。唯有唐代宗门诸德，峇然得通体悟入于空劫前湛湛不动之己灵，住第一尊贵之位，独立孤峰，高视霄汉，直令三世诸佛、历代诸祖，莫不屏息退居下风，而同时复不尊佛祖，不重己灵。不是佛、不是心、不是物，与墙壁瓦砾浑通为一。圆遍纯彻，无内无外，般若清净故，无二无二分。建一心为宗，焕万法如镜，自在自在，平等平等。於戏！噫嘻！吾无以称之，称之曰自性尊圆的精神。如有没智量汉欲得而实现之，盍其从事乎此！

三、禅林与社会思潮

此所云"禅林"者，谓禅宗之丛林也。丛林本借以譬喻之名，亦指其依处之辞。众草众木生长繁荣之处曰丛林，三草二木从本元心地、受佛法化雨之润而成其生长繁荣之妙，故喻之以丛林。抑是清净和合如实修之僧，亦大都依止丛山林泉之闲静处而住。换言之，"丛林"者即"社会"之别名。"禅林"则以禅宗之精神而创化为最高尚、最洁净、最优美、最和悦之社会者也。往者，格以域中帝王儒法之礼制，故目之为方外，目之为化外，而不知乃人生最真最善最美最适之群谊也。及今界封破而世变亟，帝制、军国、君宪、富阀之暴恶，不复容其掩讳饰藏，遂渐失其固存之势。而种种欲彻底以改造变化乎社会之新思潮，乃掀天揭地而来，举一世人愕眙骇荡莫知奚届。吾因得取唐代的"禅宗丛林"之化，以献乎社会思潮之海，用以为社会思潮不可逾越之最大轨持与不可超上之最高标准；亦用以为过之者获其清宁之纪，不及之者祛其恐怖之情也。世有狂热乎新社会思潮而火驰者乎？世有怯弱乎新社会思潮而愁叹者乎？盍稍稍回向其心而一览吾说哉！

甲、虚无主义的精神

虚无主义的内容，非常复杂。考其源委，近代有欧俄的虚无主义，古代有中国老、庄的虚无主义，有印度外道的无因果、无罪福的虚无主义，及佛教小大乘的一切法但假名、一切法毕竟空的虚无主义法门。按其原理，有依据唯物论的，有依据自然论的，有依据唯心论的，有依据真实论的。课其目的，有欲拨反人类自然生活，而洗除一切由人群积集所起之教法政制者；有欲反之无方体无形物之精神，而洗除一切组织所现之宇宙质象者；有欲用毕竟空寂毕竟平等的法门,以尽空一切和合的连续的对峙的虚妄心境而究竟显实者。论其方法,有但用意言否拨者,若老、庄及印度外道。或兼用身力摧除,若无专制的立宪党摧除专制,无君主的共和党摧除君主,无强权无私产的无政府无国家党摧除强权私产,乃至若欧俄之虚无党实欲破坏宇宙一切组织。有用教理观行以尽空一切虚妄心境者,三论宗。有直证虚无所显的究竟真实而否认一切虚妄心境为本来虚无者。现代的虚无主义思潮,则除佛法即三论宗、禅宗。之外,其余的虚无主义盖靡不含孕者。今核之唐代禅林,其自宗之佛法不论,论其与现代虚无主义的精神相呼应者:

原佛法小乘七众之戒律以至大乘戒律,虽层次升进而极高明博厚悠久广大精微之量,而其初实以圣王依仁义礼智信所起刑赏劝惩之法以为柢,故昔人谓五戒之行足以翊王化而致太平,盖非虚言矣。而唐代禅者自放旷乎水边林下,不依律居;或复奇状异仪,同尘混俗,不知有世,不知有人,不知有家,不知有物,不知有政,不知有教,不知有王,不知有佛,乃真能洗除乎老子所云失道而后所起之仁之德之义之礼智忠信慈孝等等,而圣王死、而盗贼出,而剖斗折衡而民息其争者也。又若某禅宿独隐深山,不知若干百年。偶为某禅师寻见,辨勘既过,乃曰:"莫把是非来辨我,浮生穿凿不相干。"即焚茅他逝,更无踪迹。又若坐脱立亡,弃身如屐,是乃真能破宇宙五蕴之自然组织而不为所缚者!夫返乎自然之道,则与鹿豕同游,木石同居,无复灵长性贵之人类存在。而五蕴法之自然组织既经解除,亦无复宇宙之方体时分之宇宙存在。呜呼!是虽未达佛法之真际,而才为其附现之旁效,然人类与宇宙则已根本取消矣，是真人类宇宙的大革命大解放！而现代的虚无主义，则以未知禅宗方法，故但益无明妄动之扰乱，而终未得真正之解放焉。

乙、无政府主义的精神

无政府者谓无强权也。而强权实依国或家的私产而起，为保国与家的私产私产之义甚广，若所谓国化及家传等等，亦属私产。而存，故根本上即不容有国与家的两种私产之存在。然于人既有各个的及社会之不同主张；然产亦有属个人主义之分产的独产的，及属社会主义之共产的集产的之不同主张。然以社会主义为正，而犹以社会共产主义为无政府主义正宗。而无强权的社会共产主义，即世人各各自由以尽其所能，与世人各各自由以取其所需也。无政府党人虽能有此怀想，而其实尚无做到之正当方法，盖此非有超"我我所有"之真道德精神，而欲利用多数人之贪欲、嫉妒、仇恨、抵抗、残杀、破坏之心理行动以达到之，则终徒益其烦扰而已。而在唐代被禅宗之风化者，多习杜多之苦行，其已完全脱离乎家与国之私产关系及一切强权关系，审矣！然近于个人主义而复绝无分产独产之关系，乃进而为无产主义者也。而在百丈未立清规前所成之禅宗丛林，各从禅宗中成就其自性道德，以共同食息为镬头边生活，此真无政府共产主义的精神之渊源之根本欤！

丙、布尔塞维克主义的精神（略）

丁、莫德克拉西主义的精神

德莫克拉西一名，我亦不知当译何义，以意揣之：废除专制，可名立宪，废除君主，可名共和，废除贵族，可名平民；以民为本，可名民本，由民理治，可名民治；是全体之民共同和合之行动，非一部分民之偏党行动，可名全民众民民众主义。要之，说明凡国家社会种种事业皆是为全体人民施设，故主张无论在官在民，凡有行为皆须以谋全体人民之利乐为归，而积极的从政治、教育、经济、宗教等种种方面以经营以造就全体人民之利乐是也。此其意，则唐代至宋代之禅宗丛林皆极其充量发挥者也。兹摘录宋慈觉大师赜公所述《龟镜文》，可见大意：

> 夫两桂垂荫，一华现瑞，自尔丛林之设，要之本为众僧（点出民本民众主义）。是以开示众僧，故有长老；表仪众僧，故有首座；荷负众僧，故有监院；调和众僧，故有维那；供养众僧，故有典座；为众僧作务，故有值岁；为众僧出纳，故有库头；为众僧点翰墨，故有书状；为众僧守护圣教，故有藏主；为众僧迎待檀越，故有知客；为众僧请召，故有侍者；为众僧守护衣钵，故有寮主；为众僧供侍汤药，故有堂主；为众僧洗濯，故有浴主、水头；为众僧御寒，故有炭头、炉头；为众僧乞丐，故有街坊化主；为众僧执劳，故有园头、磨头、庄主；为众僧涤除，故有净头；为众僧给侍，故有净人。所以修道（提

清目的）之缘，十分备足，资身之具，百色现成，万事无忧，一心为道（提清主旨）。世间尊贵，物外优闲，清净无为，众僧为最。

回念多人之力，宁不知恩报恩（所以分工互助之故）？晨参暮请，不舍寸阴，所以报长老也；尊卑有序，举止安详，所以报首座也；外遵法令，内守规绳，所以报监院也；六和共聚，水乳交融，所以报维那也；为成道业故（提清目的）应受此食，所以报典座也；安处僧房，护惜什物，所以报值岁也；常住（国家）之物，一毫无犯，所以报库头也；手不把笔，如救头然，所以报书状也；明窗净案，古教照心（此四字为看经妙法，亦是教观同修），所以报藏主也；韬光晦迹，不事追陪，所以报知客也；居必有常，请必先到，所以报侍者也；一瓶一钵，处众如山，所以报察主也；宁心病苦，粥药随宜，所以报堂主也；轻徐静默，不昧水因，所以报浴主、水头也；缄言拱手，退己让人，所以报炭头、炉头也；恃己德行，全缺应转，所以报街坊化主也；计功多少，量彼来处，所以报园头、磨头、庄主也；酌水运筹，知惭识愧，所以报净头也；宽而易从，简而易事，所以报净人也。是以丛林之下，道业维新，上上之德，一生取办，中流之士，长养圣胎；至如未悟心源，时中亦不虚弃（提清主旨），是真僧宝，为世福田！近为末世之津梁，毕证二严（福德庄严、智慧庄严）之极果。

若或丛林不治，法轮不转，非长老所以为众也；三业不调，四仪不肃，非首座所以率众也；容众之量不宽，爱众之心不厚，非监院所以荷众也；修行者不安，败群者不去，非维那所以悦众也；六味不精，三德不给，非典座所以奉众也；寮舍不修，什物不备，非直岁所以安众也；畜积常住，减克众僧，非库头所以瞻众也；书状不工，文字蔑裂，非书记所以饰众也；几案不严，喧烦不息，非藏主所以待众也；憎贫爱富，重俗轻僧，非知客所以赞众也；礼貌不恭，尊卑失序，非侍者所以命众也；打叠不勤，守护不谨，非寮主所以居众也；不间供侍，恼乱病人，非堂主所以恤众也；汤水不足，寒暖失宜，非浴主、水头所以浣众也；预备不前，众人动念，非炉头、炭头所以向众也；临财不公、宣力不尽，非街坊化主所以供众也；地有遗利，人无全功，非园头、磨头、庄主所以代众也（以此，故与唐代百丈时者稍异）；懒惰并除，诸缘不具，非净头所以事众也；禁之不止，命之不行，非净人所以顺众也。

如其众僧轻师慢法，纵性恣情，非所以报长老也；坐卧参差，去就乖角，非所以报首座也；意轻王法，不顾丛林（不顾国家），非所以报监院也；上下不和，斗诤坚固（此中国今日之现象），非所以报维那也；贪婪美膳，毁訾粗餐，非所以报典座也；居处受用，不思后人，非所以报直岁也；多贪利养，不恤常住，非所以报库头也；事持笔砚，驰骋文章，非所以报书状也；慢易金文，看寻外典，非所以报藏主也；追陪俗士，交结贵人，非所以报知客也；遗忘召请，久坐众僧，非所以报侍者也；以己方人，慢藏诲盗，非所以报察主也；多瞋少喜，不顺病缘，非所以报堂主也；桶杓作声，用水无节，非所以报浴主、水头也；身利温暖，有妨众人，非所以报炉头、炭头也；不念修行，安然受供，非所以报街坊化主也；饱食终日，无所用心，非所以报园头、磨头、庄主也；涕唾墙壁，狼藉东司，非所以报净头也；专尚威仪，宿无善教，非所以报净人也。

盖以旋风千匝，尚有不周，但知舍短从长（互助互让），共办出家之事。所冀狮子窟中尽成狮子，旃檀林下纯是旃檀，令斯后五百年再睹灵山一会！

然按此所以行之能安隐，近世之德莫克拉西主义，终抢攘扰搅而莫善其事者，则因彼以欲乐或个人或社会皆然。为唯一目的，而此则以道德为根本精神也。欲乐所在，群起争竞，如一犬啮枯骨，众犬望之猖狺不已。此今世所以大乱茫茫不知何地也！然此以德为治，较之百丈超然简易之风，已有失道而后德之叹矣。

四、结论

禅宗自宋、元、明、清随中国全社会而递代降落，亦因人多流杂，法密伪增，浇漓坠堕及今，通身红烂，卧向荆棘林中，殆无复挽狂澜于既倒之望。意者，非宇内清宁，则此应"世间众生"而设施之佛化，亦不得独振其清宁之纪乎！则予之为此，非徒以佛化理世变之纠纷，亦冀淑彼人世，还以净兹佛化。余既以《人工与佛学之新僧化》追攀百丈之高风，以适应将来倾向中的社会趋势；复有精审详密之德莫克拉西的《整理僧伽制度论》，亦凡以见吾志之不在徒发理论，须见之行事耳。览吾说者，勿徒当一篇空言读过，则窃愿焉！

《海潮音》一卷七期

王阳明论

第一章　缘起

宋、明先儒之说，予昔者块居普陀，尝浏览而有所论列。比年弘法南北，席不暇暖，加以积藁迁逸，旧所治者，殆惘惘若隔世。康寄遥居士受其友人赵南公嘱，请叙《王阳明全集》，以告世之事王学者。予以宋、明儒学，实华梵两学构成之一思潮。今者海东西民族，方将酝酿世界之文化，唯是可为前事之准。而阳明又此一思潮之硕果，前乎阳明未有逮阳明之盛者也，后乎阳明未有逮阳明之盛者也。一推斯学，小之足以起中国，大之足以援天下，故虽值荒落匆遽之际，不辞一述其所知者，就正于当世有道焉。第阳明之文章以及其生平事业，皆非此所言，唯一言其道学而已。

第二章　阳明道学之来历

第一节　阳明道学之历程

黄梨洲叙阳明道学之历程曰：

先生之学，始泛滥于词章，继而遍读考亭之书，循序格物（一变）。顾物理吾心终判为二，无所得入，于是出入于佛、老者久之（二变）。及至居夷处困，动心忍性，因念圣人处此更有何道，忽悟格物致知之旨（龙场大悟）；圣人之道，吾性自足，不假外求（三变）。其学凡三变而始得其门。自此以后，尽去枝叶，一意本原，以默坐澄心为学的。有未发之中，始能有发而中节之和，视听言动，大率以收敛为主，发散是不得已（一变）。江右以后，专提致良知三字，默不假坐，心不待澄，不习不虑，出之自有天则。盖良知即是未发之中，此知之前更无未发；良知即是中节之和，此知之后更无已发；此知自能收敛，不须更主以收敛，此知自能发散，不须更期于发散。收敛者，感之体，静而动也；发散者，寂之用，动而静也。知之真切笃实处即是行，行之明觉精察处即是知，无有二也（二变）。居越以后，所操益熟，所得益化，时时知是知非，时时无是无非，开口即得本心，更无假借凑泊，如赤日当空而万象毕照（三变）。是学成之后，又有此三变也。

释太虚曰：此梨洲精研王学而有得之谈。阳明之一代道学生涯，昭然毕露，更不须添著一字。然综贯阳明一生者，则良知二字而已。其为学三变而入门，则由未得良知而悟得良知也；其默坐澄心，则持守良知而养良知之体也；其致良知，则笃行良知而充良知之用也；其赤日当空，则承持守笃行之后，所获粹然良知之果也。此在阳明之自成其己，洵可谓臻其极矣！顾梨洲他日又言：

> 先生命世人豪，龙场一悟，得之天启，亦自谓从五经印证过来，其为廓然圣路无疑，特其急于明道，往往将向上一几轻于指点，启后学猎等之弊有之。天假之年，尽融其高明卓绝之见而底于实地，安知不更有晚年定论出于其间？而先生且遂以优入圣域，则范围朱、陆而进退之，又不待言矣。先生属纩时，尝自言曰："我平生学问，才做得数分，惜不得与我党共成之。"

又若阳明固歉然不自足，而梨洲亦对之有未满之意者。则应知阳明临逝告门人周积曰："此心光明，亦复何言！"其在作圣成己，实无遗憾；唯于内圣外王之道，其应帝王以成人成物者，尚有待耳。故其致良知时之教育门弟，建立功业，皆自充其良知之用以成己者，未能暂舍乎己，为天下、国家、人民、万物设身处地以从之也。此梨洲所以讥其急于明道，往往将向上一几，轻于指点，启后学猎等之弊，未尽融其高明卓绝之见而底于实地。卒之，其门弟纯驳歧出，流于浅薄轻嚣，不逮孔门之彬彬也。则阳明之功业之烂然当世，学风之靡然身后，殆由其才气迈人，际遇得时，非尽出道学之所成也明矣。换言之，阳明才做到藉成他而成己之圣功，尚未做既成己而成他之王业耳。然功名之立，教化之行，胥在乎江右时，弥足验阳明之专提致良知，为自充其良知之用，而但以自行者化他也。

第二节　阳明学与宋明儒学

明儒由吴康斋转为陈白沙，已开一新面目，至阳明遂启仲尼以未有之局。同时若湛甘泉、罗整庵辈，虽与阳明无大相发明之处，但阳明之学亦非突然而集，盖于宋学不无来源上之系属焉。宋学尝有朱、陆之异，明代儒者皆绍述朱学，阳明早岁亦尝遍读朱书，已而斥弃其格物穷理之说。后解《大学》，又主于抵牾，于是与朱弥远，与陆弥近，而世之言宋、明学者，且举陆、王与程、朱骈列焉。夫阳明与朱、陆一反一正之关系，则诚如是矣，然与二程又异其关系。盖宋明之学，二程实为根本，二程师周而友邵、张，颇谈理气大端，大程言气即理，故曰："只此一阴一阳是道。"又曰："生之谓性，性即气，气即性。"小程言气非理，故曰："离了阴阳便无道，所以阴阳者是道也。气是形而下者，道是形而上者，形而上者则是理也。"小程以道"理"非是阴阳"气"，而是所以阴阳"气"者，故理与气二。黄梨洲辨罗整庵曰："心性之名，其不可混者，犹之理与气，而其终不可得而分者，亦犹之乎理与气也。"谓理即是气之理，是也；独不曰性即是心之性乎？心即气之聚于人者，"性"即理之聚于人者，理气是一，则心性不得是二。此则既言气之在人者曰心，理之在人者曰性，又言性、心、理、气之名不可混，亦不可得分，则能兼综会通于二程之说，而大程之气即性、性即气，亦弥见其为气即理、理即气之变名也。心气与性理为一，心气与性理为异，此宋明儒学分为二派之依据，而贯彻乎始终者也。故始分于大程、小程，中对峙于陆、朱，终相抗于述朱述王之徒，演成并行之二系如下：

一、心气即性理系——大程——陆——王

二、心气非性理系——小程——朱——述朱

由是观之，亦可见王学于宋明儒中道统之何属也。但阳明于宋明儒尤特出者，则因孔门之道，原重在内圣外王之行事，而不重在析名辨物之理论者。宋儒矫汉唐溺于词章训诂之弊，倡为道学，尤贵证心践形，故周茂叔最初教二程者，即在令寻孔颜乐处，而明道见人静坐，即叹为好学。然主性理异于心气者，则认物性天理在于天，在于外物，谓人心之所有者不过明觉，而理为天地万物之所公共，故必穷尽天地万物之理，然后吾心之明觉与之浑合而无间，遂仍溺于书物，不克振拔。而阳明则谓圣人之学，心学也，心即理也，心即良知也，良知即天理也。摆落一切，空诸依傍，但致吾心良知天理于事事物物，则事事物物皆得其理，故能即知即行，知到行到，以成作圣之行，实高迈古今。宋儒大程仿佛之，故梨洲叹为明道而后，未见其比也。

第三节　阳明道学与佛之禅教律

佛法可大别之为禅、教、律，所谓禅是佛心，教是佛语，律是佛身是也。知宋儒来源上之禅宗关系，则可知王学与禅宗之关系也。

尝论我国自晚唐五代以入于宋，禅宗实为学者思想之结核，故不唯佛教之天台、贤首、净土等，能畅行于宋、明来者，皆托禅宗为根底，各开应化门户。虽道家、儒家，亦取禅宗为骨，涂附或道、儒之旧业为皮肉，以号为性命双修之仙学，及宋明儒之理学者。道家之旧业，则长生之炼丹出神也；儒家之旧业，则治世之人事伦理也。而所取于禅宗者，则道家先守窍令心静定谓修性，似于习禅也。儒家若周茂叔教人寻孔颜乐处等，似于参禅也。然以萦挂其旧业之故，不能放舍生世，由大死而为大活，故浅为尝触，即诩已得，疾返其延生经世之旧，务为飞升之神仙，人伦之贤圣。今以唯识学之术语喻之，则从上所传教外之禅，譬第八识所变实境。立为禅宗门庭者，则如前六现量，亲托彼为本质而变为自所缘之相，能符彼本质之自相者也。立为台、贤等门庭者，则如第六正比量，疏托彼为本质，变似名相，不谬彼实境之共相者也。彼道与儒，则如第六非量，亦或亲或疏，托彼以为本质，由无始我法分别，熏习力故，变似所执实我实法之名相，于所托之自相、共相均有迷误者也。故儒、道家虽同托于禅，以面底不一致故，遂与佛门卒多抵牾。若如来与异生虽同是诸法离言自相之一真法界，以异生于离言界不相应故，异生卒不能即同如来，且与如来相背而驰也。吾因是于彼执旧业以自碍之二家，每深致慨焉。

虽然，吾亦不谓儒、道家于宋以前初无似于禅者。道家若庄周言"颜回心斋""卜梁倚朝彻"，儒家若荀子《解蔽》之言"空石中人"等，皆慨然有事乎禅定者。以禅定之学原不限于佛法，有内心修养者皆所同事，故禅定学亦名增上心学，而为佛法外之异道所共修也。但汉、唐间之二家，则道务长生以修命，儒务治世以修文，鲜闻有事于增上心学者。故宋明来道家之修性，儒家之究心,实由感受禅宗之佛化使然也。然宋明来之佛、儒、道三家,已潜藏此不可说之禅宗为共通之根底,故国民之普遍心理上,每易有三教同源之思想。而读书士夫,多于三教同源之思想上,守儒家之态度;无识男女,多于三教同源思想上,持道家之态度;彻里彻表为禅宗之宗、佛教之教者,卒唯极少数之人也。

由上来所言以观宋明儒之学,可知其渊源于禅宗,而又浅尝自封,不能与禅宗一致,明矣。然世之论宋明儒学者,多谓其渊源于道家,以宋之朱、陆及明之王,皆出自二程,二程则师茂叔而友尧夫,茂叔之《太极图》与尧夫之《先天图》,皆出于道家陈抟之相传是也。但予昔尝见空谷禅师之说,忘其书名。则茂叔传承于某禅师,似即杨龟山所言之总老,乃东林总禅师。考据极确。又晁公武《读书志》,谓周子受学于润州鹤林寺僧寿涯,则濂溪固授受自禅门也。即就陈抟以言,要亦道家之已沾尝禅宗者。陈抟沾禅附道以道其所道,周、邵又沾之以附于儒,适开三教混合之局,其隐贯之者,则禅宗也。茂叔教二程寻孔颜乐处,仿自禅宗参话头。其言无极而太极,乃指心言。何者?周之太极,即邵之先天。邵曰:“先天学,心法也,万化万事生于心。”又曰:“先天之学,心也。后天之学,迹也。出入有无死生者,道也。”案:先天谓心能造业,业即大命,后天谓业招而果酬,通心业果曰道。又曰:“心为太极,道为太极。”又以心谓之中,故曰:“天地之本,其起于中乎?是以乾坤交变而不离乎中,人居天地之中,心居人之中,日中则盛,月中则盈,故君子贵中也。”宋明学大致以天地人物变易之本,名太极,或谓一气、或谓元气。以人事伦理标准之性谓之中，或曰天理、或曰天性。而此皆以心释之，实为宋明学之大原，而托本禅宗禅宗亦曰心宗。之明证也。谢上蔡以之说仁，故曰："心者何也？仁是也。上蔡出大程门，大程说仁，谓天地生生之大德。仁者何也？活者为仁，死者为不仁。"若活人有藏识，死人无藏识，此仁即指藏识。大程亦曰："心一也，有指体而言者，寂然不动是也；有指用而言者，感而遂通天下之故也。"此以言易之言言心。杨慈湖印本心于象山之一喝，后以之作己易曰："易，己也，非有他也。以易为天地之变化，不以易为己之变化，不可也。己者何？主人公，主人公者何？异熟识，即指其所悟本心为己耳。"至象山之"宇宙便是吾心，吾心即是宇宙"，语尤显然。又言理亦即心，故曰："塞宇宙一理耳，此心此理，不容有二。"又曰："仁，即此心此理，万物皆备于我，只要明理。"阳明承之，乃曰："析心与理为二，而精一之学亡。世儒讥朱子。之支离，不知吾心即物理；佛老之空虚，不知物理即吾心。"此由不知佛法之全，故有此说。岂连佛之三界唯心一语亦未闻乎。又曰："心外无理，心外无事。"临终谓其门人曰："此心光光地，更有何说！"盖皆务明本心同于禅宗者也。而宋、明儒学之特色，亦粗具于是矣。

王学之本于禅如此——其实于禅已不知其全，仅承禅家切近指点之入门处以为禅，不知物理即吾心。而黄梨洲承之，遂云："儒释界限，只一理字。释氏于天理万物之理，一起置之度外，更不复讲，而止守此明觉。"则不知佛有极精密之教理故也。又谓"佛遗世累，专理会生死一事，无恶可去，并无善可谓，止馀真空性地以真显觉，从此悟入，是为宗门。"则不知佛有极森严之律仪故也。然刘念台、黄梨洲虽治王学，以惩末流放荡之弊，欲融合朱学为之辅，已沾朱学之习，故辩佛之言渐多。盖朱学承自小程，极主张理气二，以执其物理伦理较佛异同，故每与佛辩。而阳明则承大程气即理说，与象山同主唯心，以无经界之标准物，故不甚与佛辩。兹表列儒之理气，佛之心性而释之，可以知其皆未明乎佛理。

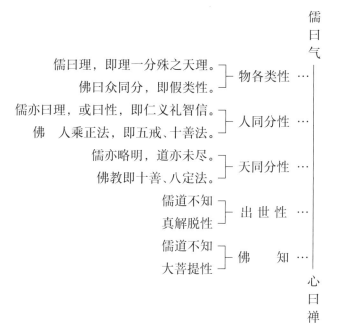

大致儒家言"气"、言"道心"、言"本心"，多指一切种子如瀑流之习气种子识言。言性言理，则指各物各人之报体真异熟识。言，亦即我爱执藏内自我体。盖各类报体随各类差别，随其自类之相同者曰同分性，所谓天命之性；天命为人则人，天命为兽则兽。兽曰兽同分性，天曰天同分性，复以依而行之，可不失及完成自类同分性之标准，曰伦理性。如人具此人同分之伦理性，则曰人，堕此或超此人同分之伦理性，则形纵是人而非复是人。或堕而禽兽，或超而天佛。儒者务保持此伦理性以异于禽兽，故孟子曰："人之所异于禽兽者几希！君子存之，小人去之。"又务完成此伦理性以就贤圣，故曰："人伦之至，谓之圣人。"然儒者持此以求免禽兽，犹佛诲人勤五戒，洵亦善也。不能知其分而安之，竟欲持此以排斥求上达天同分性、出世圣性、佛性之上乘法，则殊不能为恕辞也。而程朱等之拒乎佛，只为执此人伦理故，只为恐人堕禽兽故，亦为只准人为人，而不准人为超人之天、之出世圣、之佛故，夫亦大可哂矣！

然阳明于佛之教律虽未及知，而于禅宗则固尝受而用之者；故其施教往往有禅风，而亦不深辨门户之见，实知实行，盖粹然一得心于佛禅，立身于儒术之大贤，而与梨洲辈争以空言者异。此予所以认阳明为华梵两文明构成之一良果也。

第三章　阳明道学之宗纲

第一节　良知、致良知、知行合一

前言隐贯阳明一生者，唯是良知二字。故欲知阳明之道宗，必首向其所云之"良知"讨个分晓，乃有着落。良知一名，本于孟子；但孟子良知、良能并称，王子则总握其枢纽于良知，而良能即摄于良知之内，故即知即行，彻里彻表。且孟子所云之良知、良能，盖指吾人生禀之知能耳；生禀之知能，虽尚无习惯之染，实已为气质所拘，故同在人类，智、愚、仁、暴，襁褓中万差矣。至阳明所云良知者，乃先泛滥词章，从事于格物穷理，出入佛老，积闷久之，忽于居夷处困之际，尚观古人，近察当己，炯然独露而得。此乃吾人独能作圣成佛之一点灵心，自由活泼，绝待无依，不为气质习惯拘染者也。孔门谓之"仁体"，王氏谓之"良知"，总指此物。故阳明亦曰，良知即是独知事，而与孟子同名异实。盖孟子所指之良知良能犹金矿，而阳明所指之良知，则犹矿中露出之金也。而独知云者，非谓无他人共其寝兴游宴处之知也，乃指不拘气禀、先业所引、机械所定之身心器界。不染习尚，现身所修功业、所成之学识经验。超然于气禀习尚之上，卓然于气禀习尚之中，而自由活泼绝待无依，独能知善知恶之正知也。确指此良知者，乃吾人前六识所相应之本来净善信心，自性清净，复能清净余心心所，如水清珠能清浊水者也。故良知之良字，应训为诚，而有本性净善正信之义；故能发见此良知而保养之，身语意之动皆不能欺此良知以行，自能为善去恶[1]，即知即行，知行合一[2]。为善去

---

[1] 夫良知之于节目事变，犹规矩尺度之于方圆长短也。节目事变之不可预定，犹方圆长短之不可胜穷也。故规矩诚立，则不可欺以方圆，而天下之方圆不可胜用矣。尺度诚陈，则不可欺以长短，而天下之长短不可胜用矣。毫厘千里之谬，不于吾心良知一念之微而察之，亦将何所用其学乎！是不以规矩而欲定天下之方圆，不以尺度而欲尽天下之长短，吾见其乖张谬戾，日劳而无成也！——见《答顾东桥书》

[2] 凡谓之行者，只是着实去做这件事。若着实做学问思辨功夫，则学问思辨亦便是行矣。学是学做这件事，问是问做这件事，思辨是思辨这件事，则行亦便学问思辨矣。若谓学问思辨之，然后去行，却如何悬空先去学问思辨

恶，即是致知格物，即是致良知，故致良知则意自诚，心自正，身自修，家自齐，国自治，天下自平也。然此良知实为一切众生同具之佛性，今以人类为独能者，则犹裴休序《圆觉经》所谓："诸天耽乐，修罗方瞋，鬼狱有幽况之苦，禽兽怀猖狂之悲，可以端心虑趋菩提者，唯人道为能耳。"此云唯人道为能者，乃比较之辞，非谓除人类之外，其余即绝对不能也；然人道之可贵者，即在于此矣。顾吾人于此独比较为能者，则由习尚之染虽重，而气禀之拘独轻，谓业所得报，既不甚乐，亦不甚苦，绰然有回翔自审之余地；但能披洗其习尚之染，易能发见良知而长养之也。然举世滔滔，卒鲜发见此良知而长养之、施展之、圆成之者，一因非陷于穷极无赖之绝地，恒染于习尚以为营逐，故良知虽卓然尚在而莫由发见；二因非积于多闻深思之善慧，恒忽于错过以生迷乱，故良知虽偶然流露而莫能持养。而阳明则不唯能发见之，龙场大悟。且能持养之；静默澄心。不唯能持养之，且能施行之；以致良知修己化人，致君泽民，知行合一。不唯能施行之，且能充实之。赤日当空，万象毕照。所以为儒家仲尼以来之一人也！所以为华梵两化所育生之唯一良果也！第阳明所以能发见良知而持养之者，以渊源于宋学及禅宗也。而其施行充实之者，卒为儒家贤圣，而不

得？行时又如何去得个学问思辨的事？行之精觉明察处便是知，知之真切笃实处便是行。若行而不明精觉明察，便是冥行，便是学而不思则罔，所以须说个知；知而不能真切笃实，便是妄想，便是思而不学则殆，所以必须说个行；原来只是一个工夫。凡古人说知、说行，皆是一个工夫上补偏救弊说。今说知行合一，虽亦是就今时补偏救弊说，然知行体段亦本来如是。——见《答友人问》

入佛之大小乘者，既因设身处地之所宜，复由佛之教律未深知及，而儒家之熟处难忘，故向禅宗悟得**❶**，却向儒中行取也。悟得良知，存省良知，应用良知，致吾心良心于事事物物，而事事物物皆得其理。完成良知，从悟得良知之一贯工夫，终不外即知即行，知行合一。阳明道宗之在是，不了然可知软？

第二节　四句教法

按天泉问答，传阳明有四句教法云："无善无恶心之体，有善有恶意之动，知善知恶是良知，为善去恶是格致。"此之四句，乃阳明学纲之所存也；而历来解者，自王龙溪、邓定宇、黄梨洲辈，鲜了知其义者。以阳明虽心知其故，而于儒说无征，又未窥佛教法相诸书，不能详确其说。致龙溪辈求高反浅，欲翻此四有为四无而后快也。然此弊不唯王门有之，即佛者之通宗不通说者，亦往往有此弊。故良知为王门之宗通，而此四句为王门之说通也。通此说通，非精究佛法之唯识学不可，兹略为诠释于下：

无善无恶心之体者，指先业所引之真异熟及异熟生等色心诸法以言。此皆循已定之势而流行演进，不能自由有所转移，须待他力以为之改动。一与能为改动之他力相值，又不能自由有所趋避者，不异通常所云之"自然"。故无染净善恶可言，而唯是无

---

❶ 不思善不思恶时是本来面目，此佛氏为未识本来面目者，设此方便，本来面目，即吾圣门所谓良知。今既认得良知明白，即已不消如此说矣。随物而格，是致知之功，即佛氏之常惺惺，亦是常存本来面目耳。体段工夫，大略相似。——见《答友人问》

覆、非染非净。无记非善非恶。性。儒书颂为："天之命，于穆不已，流行不息。"而道书颂为："自然之道，不与圣人同忧患者也。"

有善有恶意之动者，是痴、见、爱、慢恒续之意根，与依此意根而染净之前六识，及前六识中能善能恶之意识率身等前五识以为善为恶者也。人类之所独优者，即因此意动中能善能恶之识较为自由，往往能超脱异熟及痴根之拘碍，雄据异熟、痴根之上，而独行其所欲行也。

知善知恶是良知者，良知，即信心相应诸心心所，唯是净善之性者也。虽未尝不潜存于流行之异熟中，本来皆有，唯为异熟及痴根所拘碍，隐伏不得现起，唯藉较为自由之意识，时一呈露。于此若能握持得住，则作圣之基、成佛之本，胥在乎是矣。以能保持此良知而长养之，则知善、知恶，既犹规矩尺度之必得方圆长短，可由之以崇善拒恶、为善除恶也。然此"道心"，盖微乎其微，体察既得，尤必深培而厚养之，乃能应用。夫培养之道，如园植然，防以礼仪戒律。之垣，持以静虑禅定。之土，复时养以惭、愧、慈、悲等肥料，雨旸风露等圣言，庶乎其可无夭阏也。

为善去恶是格致原文曰格物，今代为格致，以为善去恶，即是格物，亦即是致知也。者，为善去恶，即是令意遵循良知而动。在遵循良知以处制事物边言之，即是致知、知致；在由是而意诚、心正、身修，家齐、国治、天下平边言之，即是格物、物格。盖物也者，即向者能为拘碍之异熟、痴根等，亦即是意、心、身、家、国、世界等，今悉检格之使遵从良知而回转行动一致，故悉成诚、正、修、齐、治、平、之善也。

故阳明此之四句教法，主要在知善知恶之良知，笃切在为善去恶之格致，结果在恶尽善纯之至善。而王龙溪辈误认重在无善无恶之心体而欲一切无之；黄梨洲虽不善龙溪、定宇等邪解，欲从而救正之，卒迷离惝恍而莫能达其辞，均不知王学之纲也！阳明能化行当世者，以得良知之道宗也；阳明致弊丛末流者，以失四句之学纲也。知此，可与论阳明道学得失之原矣。

第四章　阳明道学之流传

阳明出其自受用之致良知三昧，简明亲切，向人当前指点。接其教音者，殆无不承风归化，心悦诚服。但阳明以自己之高明律人，视他人尽是高明，既不能定之以教理，又未能范之以律仪，而及门诸子，得浅、得深、得纯、得驳，只取其一偏，以之独扬其至，执之不得会通，末流遂猥杂不可收拾！《明儒学案》泰半皆王门流裔，列为浙中王门学案、江右王门学案、南中王门学案、楚中王门学案、北方王门学案、闽粤王门学案及泰州学案；再传而后者，又有止修学案、东林学案、蕺山学案等。于中约可分四类：龙溪、心斋，偏重阳明直指独知一端，陷于狂滥，不能谨持良知以为善去恶，故此派唯归入佛门，乃得踏实；东廓、念庵，偏重阳明默坐澄心一端，落于虚拘，未能得良知以从体起用，故此派后衍为梨洲，用乃渐宏；见罗止修，颇能贯持，然根本未清也；东林与世，颇能致用，然悟养已疏也。蕺山专提谨独，近于东廓、念庵，而梨洲亦气禀习尚用事而已。余子不一一论，卒未有明得阳明之全者也，宜其流风亦随有明一代而亡矣！然张苍水传之于日本，反能涓涓不息，郁久成明治之盛，则因倭人禅侠相尚，易怛化于致良知而直往径行之风也。

第五章　余论

昔尝言宋、明儒与佛抵异之故：一者，先入为主，守门面故；二者，虽窥本心，未深明故；非大菩提不圆明故。三者，不知佛有人乘法故；四者，中国佛徒偏出世故；五者，经、律、论藏少研究故；六者，方便教化先成人故。此第六方便教化先成人故者，即是以佛之人乘法教化人众令先得完成人格者；而中国之儒学最合乎此，故在中国即可用儒学以教人，而阳明殆此流中之第一人欤！虽可崇者，在《阳明全书》之刊行，所以将大有功于世道人心也。然由孔子与阳明之遗说，皆不能产生若孔子、若阳明之为人者，盖孔子乃天纵之圣，佛法谓之菩萨应化。而阳明则产自禅宗，其所成之人格，皆超其书之上也。今世兽欲横流，人性垂灭，亟须有阳明之人者兴，救之以人伦之正！然非佛法，无由得生阳明之人者；即有阳明之人者出，若非准之以佛法经论，摄之以佛之皈戒，亦终纷泯随至，而不可行远垂久！故今有忧世而救人者，应从佛化中自养成阳明之人格，以之建为佛教之儒宗，则不难融洽海东西之群化，一变而至于道。幸勿拘其私智而自小，有天地之大弗之窥，舍规矩之巧弗之用，徒眩奇以骛名，而卒鲜效功之可收也！

吾于是有慨乎近人之出佛而入儒者，有若李政纲，则曰："佛之明心性同儒，但教迹不逮儒之符契人情也，故当舍佛而行儒。"有若梁漱溟,则曰:"唯佛法为真对,但今当先施儒化,令得尝人生之真味,故佛化须置为后图也。"夫李君治佛学久之,握厥单微,回窥儒书,乃见其心性之有同,而反憎佛之教迹远乎人情;殊不知佛之教迹,皆治人心之病者,以今世人心繁剧之变,若非佛法无央数之方便教迹,曾谓仅隐约儒言,能药愈之乎?则徒矜人情之博近,而终于无救而已。梁君亦治佛学久之,始窥见儒化真如,然则欲导世人得尝人生之真味,正须先谋宏施佛化,乃反欲置佛化为后图,是犹欲枝之茂而斫其根,欲流之长而涸其源也!不亦慎与!呜呼!使斯世斯民,犹有得复其人性之望者,必将有阳明其人以兴,莫吾逆言,慨然以建设佛教之儒宗自任,高建佛乘之法幢,而溥施人乘之儒化也。吾将于《阳明全书》之流布卜焉!

见《阳明全书》

王阳明与新中国哲学

宋、元、明、清儒家哲学，渊源周濂溪、邵康节、张横渠、二程而流变不绝。近人分为三派：一、唯心派，程明道、陆象山、王阳明为代表；二、心物二元派，程伊川、朱晦庵为代表；三、唯物派，亦曰反道学派。颜习斋、戴东原为代表，大概可为定论。

三派中以陆王派摄取禅、道而近禅，程朱派亦摄禅、道而较近道，二派均排斥功利；颜戴派则远绝禅、道而近功利。颜戴派虽反陆王、反程朱，而仍由明末清初阳明后学黄梨洲、晦庵后学顾亭林、王船山导其先路。此三派今各有发扬，而欲建设新中国哲学者，侧重科学者主唯物派，侧重哲学者一分主心物二元派，一分唯心派，角逐而未有所定，以二元派较为得势。

吾意无论宇宙之真理，或中华之文化，得全原无二致，取偏乃有三歧。统三为一，依一见三，乃可成新中国亦即新世界之新哲学，而可以王阳明为枢而发之。

阳明固为中国哲学唯心派而发达最完成者。然就其着重就事磨炼躬行实践处，例云："学射则必张弓挟矢，引满中的，学书则必伸纸执笔，操觚染翰，尽天下之学，无有不行而可以言学者，则学之始固已即是行矣。"其所言，殆无异颜习斋所强调以呵斥危坐空想咕哔文字之宋明儒学者。加以阳明所躬行者，少则出游居庸三关，观山河形胜，逐胡儿骑射。壮则教苗獠范土筑木为室，为政首询里役贫富奸良，狱牍盈廷不即断，慎选里正三老，使委曲劝喻，民皆悔，至有涕泣而归者；抚剿南赣、汀、漳贼寇，行十家牌法，选骁勇自行编练，又行乡约之法，冠平民治；宸濠乱后，奏免租税以安民；老征思田八寨断藤峡，感卢苏、王受等来归，簿责而散其众，不戮一卒而活苍生数万，力疾破断藤峡，八寨皆平。凡此无不从躬治物用、顺养人情而致，不但非默坐空谈，执理废情，而且较颜元、戴栋被之空言者，更能深切著明而见之行事。唯其讲学教人，在先去主观自私之蔽，而明客观天然之理为本耳。故推广阳明无有不行而可以为学之说，而更验其一生之无时不体物理，缘人情之行事，足以发挥而充极唯物派之实学也。

阳明之别晦庵者，尝云："朱子所谓格物云者，在即物而穷其理也。即物穷理是就事事物物上求其所谓定理者也。……若鄙人所谓致知格物者，致吾心之良知于事事物物也。吾心之良知，即所谓天理也。致吾心良知之天理于事事物物，则事事物物皆得其理也。"其弟子徐爱云："心犹镜也，圣人心如明镜，常人心如昏镜。近世格物之说，如磨镜照物，照上用功，不知镜尚昏，如何能照？先生之格物，如磨镜而使之照，磨上用功，明了后亦未尝废照。"阳明又曰："天理本体自有分限。"要之，其所以与晦庵异者，在工夫上：一在以心照物上用功，一在磨心明照上用功。阳明重在事事物物皆得其理，又以天理本体自有分限，并非谓事物皆心所变，或随心有无也。其致良知即是去主观上自私意欲之蔽，存客观上事物天然之理，故工夫上虽为唯心论，而实际上则为心物二元论，与晦庵同也。则阳明学说中，固含有心物二元论，故曰"离了事物为学，即是落空"。

由此可知以阳明学为总枢，而可分发为唯心、心物二元、唯物二派之学也。唯阳明生平有二遗憾，一、历遭刘瑾、许泰、江彬、张忠、杨廷和、桂萼群小之障，曾不得一中资之君相辅宰，使能如王安石、张居正得君当国一二十年，则伊尹、周公之盛治不难重现明季，而国运亦或为之一变。但虽不得君，其于立德、立功、立言亦差可同于孔子而为弟子等均所不逮，立言虽不逮孔子，而立功则过之也。二、出征方捷，遽殂道途，使其退归乡里，能齐孔子之寿数，则必能裁其门弟子之狂狷者驯致中行，则立言亦可上跻孔子。不唯不致有末流之弊，且可能引三派学说均衡发展，使中华民族文化传统继世而发扬光大也。天泉桥上告王汝中、钱德洪曰："汝中之见，是我这里接利根人的；德洪之见，是我这里为一般人立法的。二君相取为用，则中人上下皆可引之入道。若执一边，便各有未尽。"并切嘱汝中，以后讲学不可失了"无善无恶心之体，有善有恶意之动，知善知恶是良知，为善去恶是格物"之四句宗旨。汝中是狂者流，德洪是狷者流，阳明之裁狂狷而致中行之意甚明。惜其后即出征思田，再无考正这二流学行机会，致狷者仅狷狷自守，无以正狂者；而狂者愈狂，卒狷披而流及明亡，为世丛诟。此阳明之不幸，亦中国学术文化史之不幸也！

今诚能以阳明为枢，而将宋、元、明、清之三派哲学均衡发展，复解除宋以来拘局儒名，于佛道阴盗阳拒之丑态，容认佛道均为因素。程朱得于道，而陆王尤得于佛，更扩颜戴派而领受欧西近代之科学、工业、民政、法治等学说文化，则大成新中国之新哲学，且可进而构造全世界人类所需要之哲学与文化矣。三四，六，二七，在缙云山。

《海潮音》二十七卷一期

佛教对于中国文化之影响

今日蒙陕西学界开会邀为讲演，诚属难得之机缘；然余因昨日略受感冒，对于此题不能详细发挥，故仅能就其大意约略说明之。

若论及佛教之历史，固发源于印度，然印度久已绝迹，早无佛教可言；而现在能代表佛教者，唯有三处而已。三处之中，二处皆在中国，即汉地与藏地，另一处即锡兰。此三处亦可代表三时期之佛教：第一，小乘极盛之时期，传入锡兰；第二，大乘盛行之时期，传入中国汉地；第三，小大衰亡之时期，传入中国藏地。复由锡兰传入暹罗、缅甸，由中国汉地传入朝鲜、日本，由中国藏地传入蒙古、尼泊尔。三时之中，最能表明完全佛教之精神者，即第二时。故欲考见佛教之真象，舍中国莫由，亦可谓中国即是佛教第二之祖国。所以，近来西洋学者探讨中国之文化，亦大都以佛教为主体。故欲使中国文化传播于世界，非先发扬佛教不可；而佛教于中国文化之关系，亦为国人应知之常识。譬有中国留学于西洋之学者，常不免要与彼邦之东方学者接触，若于本国二千年来高上之佛法一无所知，岂不有愧于祖国耶？所以，余有此"佛教于中国文化之影响"之演讲。

然佛教何时传入中国,史乘所载不一。有谓周朝穆天子时,西方有化人来;有谓秦始皇时,有室利房等十余人来,始皇投之于狱。彼时虽有蛛丝马迹,然尚无鲜明确实之历史,可以置诸不论,应断定汉明帝时为佛教正式输入之时期。然此二千年来之历史,因地域时代之不同,所发生之影响亦各有异,今先研究其与一般之影响。

一、佛教来中国一般之影响

佛教传入中国,由汉末至宋初,都是翻译之时期,佛教大藏中五六千卷之经典,皆是此时之产物。而在六朝与唐朝之间,佛教大师辈出,奘师且在印度求得重要之梵本,翻译之切实,文笔之精美,诚能空前绝后。故当时之思想界多投于佛门,受诸师之熏陶,对于佛教皆有深切之印象。然佛教始终并未参预中国政局之治乱,中国之治乱皆属儒、道二家,佛教不过居于旁观之地位,只向本位中宣传而已。故在学术上、风俗上,皆能补偏救弊,使人心转恶向善,趋于安宁之现象,此即佛教与中国文化一般之影响也。

二、佛教对于中国艺术之影响

(一)建筑。关于佛教之艺术,法人烈维氏作有《佛教人文主义》等书,从文化上、艺术上研究佛教之精神,以为东洋之美术，皆与佛教有关。譬如建筑，虽不如西洋之切于实用，然皆能力求美观。如房屋前后之布置，左右美妙之点缀，尤其是寺院之庄严伟大之形式，皆是模仿原始佛教之状态。如此处之大雁塔、小雁塔等，俱能代表崇高坚强之精神，此皆显而易见也。

（二）塑铸。塑，即是泥塑，中国先虽有图像雕像，然塑像自佛教入中国后始有。唐时名工之塑像，蔚为大观，美丽尽致，现在虽不能窥其真正之作品，然如日人所发现之苏州某寺唐人之塑壁，后得蔡元培等请政府保存，故今尚能考见当时美术之一般。近来国人一味破坏寺院之塑像，殊不知实是丧失中国文化之元气也。铸，即是金铸，如所铸之铜观音、铜弥陀等，亦皆有其特别之风致。又如各寺陈列之铜器大钟，以及千人之大铜锅等，亦皆是佛教之产品也。

（三）雕刻。雕刻有木有石，至于唐时名工之雕刻，余于游美国时，曾见有一石像，系自日本购得者，美人以为是极有价值之美术品，且认为是考察中国雕刻之依据。又如洛阳龙门与大同云冈之石佛，以及其他刻像等，每有数丈十余丈之高，其刻工之玲珑，人物之巧妙，皆有飘飘欲飞之势，在我国之美术界，亦是绝无仅有之作品。

（四）图画。我国虽先已有图画，然至唐朝佛教极盛时，才能登峰造极。当时名工画佛教之故事于壁上而形成一种佛像派，于我国之艺术上增光不少。不唯内容圆满精致，即作风亦多是带有印度之色彩。

（五）音乐。中国古时虽有极好之音乐，但佛教来中国后，更有新调参入，使中国之旧调，百尺竿头再进一步，亦有特别之发展。如"鱼山梵呗"，是摹佛教中极好之梵音。又如寺院中之磬鱼钟鼓等，皆是与僧众起居相应之礼乐，使人闻之，俗念顿消。故中国之诗人，喜闻寺中之晨钟、暮鼓，而歌咏出绝妙之诗词，此亦可见佛教音乐神力之大也！

（六）印刷。印刷为文明进化之要素，世界各国推中国为始。中国多以为冯道印刷五经为始，但从敦煌石室发见隋唐书籍后，其中大都是佛教之典籍，或是翻译，或是作述不等，其中且有隋时印刷之通俗宣传品，故知佛教在隋时早有刻板矣。当时虽是简陋，亦足以考见是冯道之先河也。

（七）戏剧。中国之戏剧，多是演前人之故事，或惩恶，或劝善。而佛教之戏剧亦然，如目连救母、归元镜等，亦是演佛教之故事，移风易俗，使人回恶向善，皆大有功于教化也。

三、佛教对于中国文学之影响

（一）切音。中国之反切与音韵，六朝时由"华严字母"等翻译，始有萌芽，至唐朝我国之切音学乃得以完成。

（二）文法。中国向来作文，只是神而明之，或是"读破万卷书，下笔如有神"，并无文法可言至。于佛教传入中国，初或是直译，或是意译，皆不甚切当；迨唐时，我国沙门学者多至印度求得原本，不唯明经中之教理，且能通彼邦之文法，于翻译上亦多别开生面，故知唐时即有梵文之文法输入我国。其"八啭声"，即是名词、代名词、动词、助词等，与西洋文法无异，然因当时无人应用，所以不能传播于民间。我们若看唐译之佛经，尚能考见其一般。又如大藏中之六离合释，亦是梵文文法之一种。现在国人多以《马氏文通》为我国文法之鼻祖，殊不知唐时即有佛教文法之输入也。

（三）名词。从佛教传中国后，我国文学中亦增加数万新兴之名词。现在之佛学大辞典，虽未能将所有之名词完全搜尽，但睹之亦足使人叹为观止矣！再如现在最流行自由、平等之名词，皆是佛典之成语。谚云"世间好语佛说尽"，非过言也。所以，中国之文人皆好读佛经，以助其文章之精妙。

（四）文体。佛教之经典，翻译到我国，或是五七言之新诗体，或是长行。长行之中，亦有说理、述事、问答乃至譬喻等，与中国之文学方面，亦有极大之裨助。至于唐朝以后之文体，多能近于写实顺畅以洗六朝之纤尘，未尝不是受佛教之熏陶也。

（五）诗歌。佛教原始之经典，多不易懂，故后人或作浅显之诗歌以咏之。如马鸣菩萨所作之《佛所行赞经》，其于描写记述方面，无不尽致。梁启超谓我国之《孔雀东南飞》之长诗，即受此经影响，或可近信。又如禅宗之颂古，唐时寒山、拾得深入浅出之新诗，实皆开白乐天与苏东坡之先河。

（六）语录。唐朝虽能改以前堆砌之骈体，然如韩昌黎等，终未离古文别创新体。至于佛教当时之大师，则能独辟蹊径，创白话之语录体，说明佛教之要义；宋时程、朱之语录，皆是模仿于禅宗。又如民国七八年时，胡适提倡白话，主张多读语录。且谓余曰："宋时佛教禅宗之语录，为我国古代极好之白话。"亦可见其在我国文学中之重要矣！

（七）小说传奇杂记等。唐以后，传奇、杂记之小说，多带有儒、释、道三教之色彩。如明人所作之《归元镜》，是说明净土宗之事实，《西游记》，是演述玄奘法师求法之故事，其他笔记形式，亦有如《百喻》《贤愚》《因缘》诸经者；而《西游记》且是我国四大奇书之一，亦足以见价值矣。又如西洋之《天方夜谭》，相传曾参有波斯之故事（见周越然《天方夜谭序》），盖波斯古时亦为佛教之国家，其故事亦有与佛教传说相关，《天方夜谭》采用之，故能成为述事精详，充满诗意之第一等作品。复次，如近代世界大文豪俄国之托尔斯泰，其作品能够充满美丽性、普遍性，而成为写实之鼻祖，传播于全世界，皆是因为他能够模仿佛教述实之体裁故也（参看胡寄尘所作之《托尔斯泰与佛经》）。如此，则佛教不唯于我国文学上有极大之帮助，而于世界文学上亦有其不可磨灭之影响也。

四、佛学对于中国科学之影响

（一）论理学。在世界各国论理学发生最早者，是希腊与印度。中国虽有《墨经》之上下，《荀子》之《正名》，然皆语焉不详。而希腊与印度俱为文明最早之国家，人民之知识亦异常发达，多有哲学之思想，重于辩论，故在希腊有逻辑，在印度有因明，为运用思想言论之法则，使自己之意见有条不紊。因明虽在唐朝即传入我国，惜唯用于佛学；现在因新学之输入，中学以上皆有论理学一科，亦渐知佛教因明之重要。若稽考西洋逻辑之进化，初本是演绎法，培根后始创有归纳法，至现在乃进为符号之理论；然佛教之因明，则能兼有其三者之长。故日本之学论理学，往往以二者作合并之研究。我国学者若能于此详加探讨，使之传于世界，则中国在学术史上必另增一番光彩也。

（二）医药。我国现在之各大都市，皆通行西药，实不知东方药材有其不可磨灭之价值，即印度之医药亦然。如唐时义净法师所作《寄归传》，亦多称赞我国之药材；其传中并有二篇专论印度之医学，有疗疮、医身病、小儿病等八种，并有如何使身体强健康宁之说明。后二者可谓之卫生学，即是佛在世时亦有医学之说明，如所谓"四大不调即有四百四病"等皆是。不过，中国之医学是疗病于已然，不能防病于未然，关于通常日用之卫生，尚少有说明。而印度之医学则不然，且能注重到健康延寿方面，于佛律之中皆能见其大概。如早晨之嚼杨枝，饭后经行静坐之调养身心，寺院之静洁，殿堂之禁止涕吐，饭食之节制，俱是卫生之良法也。又如印度之医病，常主张减食或者断食。故百丈大师谓"疾病以减食为良药"，亦即此义。现在西医之疗病亦主张减食或断食，此亦可见到佛教于医学之贡献也。

（三）天文。我国从唐代至明朝皆是用一行禅师所定之历；盖一行大师之根据，即印度之天文，迨至明朝，始由西人改之。如此，亦可见佛教之天文学，在中国有其相当之势力也。

（四）数学。此学在印度认为非常重要，即五明中工巧明之本也，与西洋之代数、几何有同等之价值。据罗什法师传，当时曾有印度之婆罗门来中国，精于数学，能测大树高度之数量与宽广之体积，然因当时无人学习，故不传。但无论如何，可以断定印度之数学，实驾于我国之上也。

五、佛教对于中国习俗风尚之影响

前章已说过，佛教并未参预政治，只是居于旁观之地位，对于社会只是移风易俗而已。今依其最显著者分述于下：

（一）信三世。我国在先皆以人死如灯灭，孔子亦云："未知生，焉知死。"对于死后之如何，皆不得而知。至佛教入中国后，始信有三世，知生有所从来，死有所往，深入人心，牢不可拔。

（二）信六道。我人每见有作恶之人，虽能得福得寿，其业果不报之现世，知彼未来必堕恶道，此因知有佛教六道轮转说故也。

（三）信善恶报。因信三世六道，故信作善作恶定有果报，或报之自身，或报之子孙，或报之来世。孔子虽谓"作善之家必有余庆，作不善之家必有余殃"，但现在人往往以作恶而得福，作善而反得祸，非难因果，即无以通。读佛经，乃知果报非唯是报之即身，实通于三世，乃可确信也。

（四）信神通力。中国古代虽信离人世外有超人格之鬼神，有其神秘之神力在冥冥之中，可以使人得祸得福，然佛教至中国后，方证明实有六种神通力。但是佛教之神通力，自有其非凡之深意在，故不唯愚夫愚妇信之，即有智者无不以为是实有也。

（五）悔罪植福。因知三世善恶果报，故注重悔恶除罪，修德祈福。

（六）延寿荐亡。由知我人，生有所来，死有所往，故对于亡者追荐超度以济其灵性。复次，又因知福可以植，所以对于生者祈福修德，以保安康。

（七）修德禳灾。不唯常人如此，即我国之帝王，每因国家不幸，多责自无德，引为自咎，反躬修德，以禳灾疫，此可以视佛教印入人心之深也。

（八）设供祈愿。平常祭祀祖先与神道等，或祈家庭平安，或求身体康健，大概皆是受佛教密宗之影响也。

六、佛教对于中国哲学思想之影响

（一）汉、晋、南北、隋、唐"有、空、玄门"之思想。中国哲学之思想，在周朝已颇发达，至战国诸子齐鸣，各倡其说，诚是我国学术史光荣之一页。然汉后则唯有孔、老二家；武帝时则斥百家定儒为一尊；至魏、晋、六朝而道家复兴，盛倡其玄学，而佛教亦于斯时输入。因二者均带有宗教之色彩，且皆在社会中活动，故佛教初入中国时，二者即发生冲突，由冲突而排斥，由排斥而接近，到魏、晋时讲佛学者多取义于老、庄，而讲老、庄者亦多取义于佛经，二家遂生密切之关系。初儒家本是操政治、教育之事业，与佛教不生关系，但到后来，学佛之分子若梁武帝等，亦上了政治舞台，与儒家亦发生冲突，二家亦由相攻击而达于谅解。所以唐时明通博达之士，皆知儒家为有门，所以提倡伦理，握政权，主教育；佛家为空门，所以使人止恶向善，净意修德，以辅于治安；又以《道德经》中之"常无欲以观其妙，常有欲以观其徽"，与"玄之又玄，众妙之门"之义，而定道家为玄门。以为儒家虽是有为而作，但不得离佛教之空性；此盖以佛家之有、空、非空非有，而成此三家调和思想之根据也。

（二）宋、元、明、清"治世心身"之思想。前者之思想，即是宋、明以后三教调和思想之根据；宋明以后之学者，皆以儒教为治世之学，佛教为治心之学，道教为治身之学，以定三教相安之分位。

（三）禅宗与宋、明、儒学及仙道。佛教由隋、唐之隆盛，至唐末而入宋初，则诸宗一落千丈，当时唯有禅宗作佛教之代表，其他各派虽存若亡。禅宗不唯独称霸于佛教，且能操纵当时之思想界。禅宗乃是重在参究人生根本之原理，使人自己研究，于此求得发明后，方可论学；不但否认古书，且不信古人。故当时中国之学术大受其影响，如周、张、程、朱皆用过佛教禅宗之方法。如二程往礼周濂溪，周即命参"孔子颜回所乐为何事"。又如程子受学，半日读经，半日静坐，且常使门人观察"喜怒哀乐未发前之气象"，此与佛教禅宗之观"生从何来死往何处"何异？至于陆象山等，则更进之以"宇宙即吾心，吾心即宇宙"；明朝之王阳明，亦是袭取禅宗之方法，其以"致良知"为根本之提倡，亦与宗门先明了立足点后，再研究学问之用意相同。至于所谓与仙道之影响，亦很值得注意。宋前之道家，不过是采药、练气而已。至宋朝之后，亦大变其方针，皆言性命双修，而以先静坐修性，灭除妄想，而全寂静为入手；而后用其炼精化气为神之命功。其修性亦袭禅宗而貌似也。

（四）佛学与近今之新思想。至于我国近三四十年思想界之重要分子，如康有为、谭嗣同、章炳麟、严复、梁启超诸人，皆受佛教极大之影响。康氏本精于孔学，然能放开孔子门户，盖有取佛之《华严经》，曾谓"自大之能遍全宇宙，小之能入于微尘"，即是贤首宗大小无碍之义也；阅其《大同书》可以知之矣。谭氏曾从杨仁山居士研究内典，所著之《仁学》，尤多佛学之理想。章氏不但精于小学，且能明通于诸子，其作述如《原名》《明见》《齐物论释》等篇，国内学者皆认为空前之著作。其所以能如此对于诸子学整出其条理，盖因为他精于佛学之因明、唯识，用佛家之因明、唯识，作为研究诸子之方法，始能融会贯通故也。至于严氏所译之《天演论》与《穆勒名学》等，多是采用佛学之名词，且多附论佛学之思想，所以能执我国译界之牛耳。梁氏所讲之中国文化各种史稿，皆有涉及佛教，尤注意于《阿含经》《五蕴论》《大毗婆沙》，诸君若看其近著之中卷，即可以看见其与佛教之关系也。又如最近之学者胡适之、梁漱溟等，亦都对于佛法深有研究；胡适虽醉心欧化，因为他欲全成《中国哲学史大纲》，而中古之哲学又与佛教有关，故他现在正在专心于佛学。不过，因为他是提倡语体文之人，所以他以为语录易读，唯从禅宗研究而已；观其对于清华大学学生所开之国学目录，三分之一皆属佛教之经典，亦可见他对于佛学之注重矣。梁漱溟近来之思想，虽欲从陆、王之理学而沟通于西洋文化，然考其思想之出发处，仍然是由于佛学。其现在对于救国，虽主张用儒教，然其内心之信仰与其生命之归宿，似乎尚在于佛教也。

以上之叙述，不过就其大概言之。（化城记）

《海潮音》十三卷一期

怎样建设现代中国的文化

文化是人类改造所依所资的自然物，以适应人生需要的方式和工具，乃竖穷语文所权、横遍舟车所达的一切人类努力交织以成。然因受时间、空间的限制，故一时代有一时代的特征，一方国有一方国的特征。但云现代，则时间限于现代，而空间却通于中外；但云中国，则空间限于中国，而时间却通于过未。今日现代中国，则于现代是以中国为本位而内摄民族，外揽国际；则于中国是以现代为本位而检讨过去，创造将来。就中国即可有三个方面：一、中国个别的地理与物质环境，二、中国个别的民族性格，三、中国个别的历史文化的社会组织。一二两项让之地质学、生物学等专家，兹先就第三项一论究之。

一、中国历史文化的追溯

有四五千年历史的中国。自伏羲画八卦、神农播百谷、黄帝垂衣裳而治天下以来，历尧、舜、禹、汤、文、武，至老子提举其精要为《道德经》，遂成黄老的道家文化。自契敷五教，周公制礼，至孔子"祖述尧、舜，宪章文、武"而删订六经，遂成周孔的儒家文化。继是而有墨、名、法诸家，则皆不过此二家的旁流。道家乃帝王的文化，所谓君人南面之术，虽务光、许由尽多隐世，而以能作帝王为行其道；儒家乃士大夫文化，所谓致君泽民之术，虽孟轲、荀卿功在授徒，而以能作卿相为行其道。唯至汉世，由升之在朝的儒家而张为儒教，孝悌力田以取士，孝廉方正以举乡，儒之教化乃渐及民俗，浸习成风。同时，由降之在野的道家而潜成道教，乃纲罗积古以来医的丹药、巫的符箓等神仙天鬼的修炼崇拜，上诱时君，下摄愚氓，藉以自存或乘机兴寇迁政。西汉后，除外族侵入外，大抵治平之世，儒教当权；而由治入乱、由乱致治，则皆出于道教。迨东汉佛教初入，经魏、晋入南北朝，民族混杂，战祸时作，佛教乃成为真正之民众文化。盖不参糅任何政争治权，而唯凭民间自由信仰之所乐从也。历六朝入隋、唐统一，所谓道教固十六七托佛仿造；其间君相虽用儒教为治具，其濡涵德性、顺应民心的精神，固已潜移于佛教。赵宋以后，中国整个之民族，皆为道、儒、佛三要素之所渗透；于此三教混合的庸众心理上，由少数特殊分子，各张其或儒、或佛、或道的门户。读儒书的所谓读书人，往往凭其所读的死书，及所友的读书士大夫，唯认儒教为中国文化正宗，斥黄老为异端，屏佛教为外来，乃由未尝一着眼于活的民俗风习之所误也。

故由时代以言之，四千年来有道教的文化，二千五百年来有儒教的文化，一千八百年来有佛教的文化，皆中国固有的文化也。由性质以言之，以帝王文化为本位下而及卿上民庶的道教，以卿士文化为本位而上佐君治下辅民德的儒教，以民庶文化为本位而上及士夫帝王的佛教，皆是中国固有的文化也。非道教莫溯中国文化之源，非儒教莫握中国文化之枢，非佛教莫广中国文化之用。居今日若仍持昔时儒士之狭见，则适以斫丧中国文化的生命，弱损中国民族的元气。故于检讨过去的中国文化，首应于此三致其意。

何况藏、蒙、满民族文化唯是佛教文化，若排佛教而外之，即无异抛除藏、蒙、满民族，而道教神秘亦多有可溯源苗族文化者。除上道儒佛三要素而外，次要者为回教，于西北诸省民俗风习，关系颇深；但其散居内地者，则大抵与汉族同化，已无深严区别。他若祆教、波斯祀火教。犹太教、挑筋教。摩尼教及景教、可里温教、耶稣会等耶教别派，虽亦曾传来唐、元、明各代，今皆已湮灭无存，只可供史料之考查耳。而随欧、美近代势力传入吾国之耶稣旧教、新教，则当归入横的现代国际关系中，而非中国固有之历史文化矣。

二、中国固有之社会组织

近人论社会制度之演变，每根据马克思之学说，指中国为由封建社会进入资本主义社会之过渡阶段。其实，中国数千年来之社会，乃以家族为中心之一种特殊组织。先有许多"各人自扫门前雪，莫管他人瓦上霜"的小家族，套上一层中家族；而由许多处乡为绅士、出任为官长之中家族上，再套上一个大家族。上层的大家族，即皇室，亦即国家。国家即"皇家"的家，以中层的家族为臣佐；中层的家族即公卿大夫士，亦即所谓"世家"，以下层的小家族为家仆佃役；下层的小家族，即所谓寻常百姓家。国家既即皇家，故必曾膺一命以上而受过皇族禄位的，乃有"国家兴亡"之责；若寻常小百姓，固无国家的责任。直到屡亡于异族后的顾亭林，始逼出一句"天下兴亡，匹夫有责"的话；而明、清两朝下的党会，乃稍有民族精神。

　　在此家族层套的社会中，内无独立的个人，外无合组的团体与国民，所以只有父的子，子的父，夫的妇，妇的夫，兄的弟，弟的兄。朋友为兄弟的引申，亦即上层与上层，中层与中层，下层与下层，各家族相协的关系；君臣为父子的引申，亦即上层与中层，中层与下层，各家族套属的关系。又此五伦的伦理，尤以中层事上层为完备；上层无平等的朋友伦理，而下层缺严正的君臣伦理。故五伦的伦理道德，亦以卿士本位文化的儒家为最重视。此种家族层套，一方易分散大群的合组，一方又易牵制个人的特动，故无敌国异族的外来灾患，则每能长久相安。由此，历代帝王无不奖导扶掖之。佛教的僧伽，本为平等个人和合群众的集团，到中国亦分化成中层家族的大寺院，与下层家族的小庵堂。只有家族的派传，无复和合的清众，此可见家族化的普及与深入。其弊则"各人自扫门前雪，莫管他人瓦上霜"，十分之八九的下层家族，只有且只能各存身家的顾念；对于村里乡邑的公共利害，亦复漠不相关，更何能有国的观念，但以为此唯绅士、官府、皇帝的事而已。由此，若遇敌国异族的外患来袭，亦只仗帝王、官绅的抗御，而往往易被摧破侵入。斯所以中国常为异族所凌占，而近数十年来屡败于环逼的列强也。然又以层套家族中的中上家族，有深酣的安乐可耽，故悍粗的他族一尝及温厚的甜梦，即易驯服柔化。但今世强敏英锐的诸国，非复昔诸异族堪比，设不因势利导，化家族为国族，则将无立国保民的可能性。故孙中山先生欲令家族化成国族，实为中国复兴的要著，惜尚无化家族成国族的方法耳！

三、现代的世界鸟瞰（略）

四、落伍中的中国现状

中国人向来自成为一天地，中国之外，则胥为蛮、夷、戎、狄。虽由佛教尝认印度为大国，然除佛教外既鲜他种之政治、经济等关系，亦夷之狄之而置于不见不闻耳。明季以来，乾、嘉之前，曾有布教经商之欧、美人来往，其等之蛮戎也犹昔。故中国之加入现代世界中，成为与今欧、美、亚各国国际来往之一国，盖始于清道光十六年之鸦片战争。在鸦片战争前，中国人对外国人，则轻之笑之而已。鸦片战争之后，忌之排之之心渐炽，积数十年为拳匪之乱。然鸦片战争之后，同时亦即有羡之效之之心。其羡之效之者，初则在乎枪炮、兵舰，以为强国之道唯在乎此耳；其结果，则中日战争之失败。由是，其羡之效之者，更进一步而及军、政、法律、农、工、商业，庚子之后，既舍中国本有政教重心，将谓立国之道胥赖乎彼，遂进行益力；其结果，由清末之立宪，而成政柄迭更、军阀割据之民国。民国八年，新文化之运动思潮起，其羡之效之者，更进一步，而及学术思想之文化根本，同时更以俄国式之革命相号召，宗教、政治、经济、权力等，皆入于混乱剧变之中，乃成一变二变三变而至于今日。

庚子之后，中国岌岌不可终日。以国危有救之之必要，而国人救国之心亦日热切。观日本之中兴也，有取法于邻意。未几，而日本胜俄，遂以唯一所学者为日本。其时亲日之热度，可谓极甚。未几而日本夺据朝鲜，又稍稍由亲而畏；至民四迫订二十一条约，乃对于日本之救中国，完全失望，而大多数人民皆仇敌视之矣！清末民初时，觇德之强，颇有仿效，且希望德国之能救中国者；至欧战加入协约，则此希望亦告终矣。民初以来，多有希望美国之援助及拯救中国者，迨临城劫车案起，乃美国首倡共管中国之说；于是国人之有识者，渐知美国亦不能救中国。……九一八辽沈事变后，依赖国联之结果，尤足令吾人恍然：知英、法等列强诸国，皆不能扶救中国，而中国人之欲救中国，唯在中国人之努力自救而已。

然自清季变法、民国革命以来，亦未尝非中国民族的力图自救，而卒致愈救愈艰苦者，不唯起初固守陈旧而整个的排斥为错误，五四后抛弃固有而整个的输入为错误，而"择焉不精"的采取尤为错误。此三者皆未尝洞观现代文化和中国文化的根本——选中国固有文化要素以建立中国民族的生命，选各国现行文化要素以资养中国民族的生命，徒为扮饰的、翻掘的以益斫丧中国民族的生命也。例如初以为西洋所长者但在枪炮、舰车、电机，乃为此种技末的撷取；继以为西洋所长者更有政法、军警、学制，再为形表的仿效。殊不知欧美近代文明乃为科学和工业的文明，其政制在全国人民皆有民族的意识和国家的组织；不于此采取其所长以补吾所短，乃反自斫命根而务西装革履的形似！不知无现代科学工业生产力而欲建立现代的军备，无现代意识组织国民力而欲成功现代的政制，犹欲今羸弱的、瘫痪的病人跳高竞走，徒速其颠蹶耳！此为中国近年显然的现状。借观日本，既益发扬其固有的、受之中国的武士道和儒佛文化，以成长为特殊的民族意识，复根本的、尽量的吸习科学以造成现代的工业生产力和组织的军政力；其一失一得、一败一兴之几，不甚了然耶！

今日的中国……追逐资本国家……的后尘，皆不是路；即所谓迎头赶上，从根救起，也不是办法。唯有切实看清了现代中国的需要，择取中国五千年历史文化及现代全世界流行文化的所宜，凭借之以为基本，以创造"复兴中国民族"和"解救世界危机"的新文化耳。

五、从固有道德以建设现代中国文化

察之中国现状，非无政治也，特政治无国民性之道德以为纲维，致争营私人权利耳；非无军备也，特军备无国民性之道德以为纲维，致反成群盗割据耳；非无教育也、非无实业也，特教育、实业无国民性之道德以为纲维，致教育适以坑陷青年，实业因之停滞进步耳。故今日虽有教育救国，实业救国，练兵救国，兴政救国之需要，而尤以有一种"国民性之道德"精神，贯彻于教育、实业、军警、政法之间，以为之纲格，以为之维制，乃能各循正轨而渐臻调协耳。

省之中国往情，唐、汉而上之国民性德，存在今此国民之活情意中者，殆已潜消无痕矣。唯宋、明来之国民性行，盖犹为今日最普遍最深厚之国俗民情也。经元代而蒙古同化，经清代而满洲同化，故虽间元、清二代，适恢宏宋、明化之量而未尝变失宋、明化之质也。然宋、明化之国民性德，为如何之国民性德耶？则佛、道、儒三元素之融合精神耳。如团聚而淬砺振作之，则国民性之道德不胜用也。第余此说，非现时唱三教合一之粗劣的同善社、道德学社、悟善社、道院、救世新教、道德会等所能假借。盖余之所提出者，乃经过现代的科学、哲学、宗教等精密审量，加以铸洗镕炼，得有重新估定之价值者，非漠然昧于现势之开倒车的盲举也。今请分析言之：

（一）建佛法以建信基也。吾华佛法，至初盛唐始完备；武宗毁后，各宗皆衰落，独禅宗水边林下，自葆其真。复经五代而入宋初，最称隆盛，不唯掩包佛教之全局，使时人知有禅而不知有佛，但以禅称。抑且遇人即顶门一锥，要问渠未生前本来面目，或当念是谁，死后何存，震荡得全国人心非向此中讨个消息没个断疑生信处，于是禅宗乃打入全国之心底深处。故宋、明来，不但佛教各宗皆张设门户于禅宗之信基上，即儒道二家之门户，亦张设于禅宗之信基上。若宋儒之要静坐，要寻孔颜乐处，要看未发前景象，要先立乎其大，乃至明得古圣贤之言皆为我之注脚；而道流若陈抟，若张紫阳等，修命之前要先之以修性，其修性即修止修定之别名耳。虽儒、道二家于佛之禅皆浅尝辄退，依旧回到其刑政伦常及长生固命之本旨，以自张其曰儒、曰道之门户；然尝筑信基于禅上，则固为事实之昭然不可掩者。诚以非如此则当时之知识阶级，末由得个安心之地也。此风至明末为盛，知识阶级如此，演为庸俗之小说戏剧，皆处处可以见之。虽劣陋之白莲教及袁了凡教，亦即产生及培养于此种学者庸俗之风气间；今日四川所流出之刘门、同善社等，皆吸其余流也。入清以后，禅宗之势垂尽已不可用；今之佛法，循隋、唐之轨复兴，亦不须专重禅宗矣。然在此经过西洋的基督教及哲学科学化后之时代，儒的祖先教儒之敬天意亦以天为太祖耳，故儒以祖先为宗教，今生物学乃以人祖为猿，故难置信。与道的天仙教，皆不能定信心之基矣。信基不坚，则建筑在上者，皆随时可以动摇倾败，故非宗依佛法全体以树立无可摇动之信心基础不可。佛法全体之正信为何？则信有已成无上正遍觉者；信必有无上正遍觉所用宇宙万有之真理，及有能得无上正遍觉者之种种方法；信有已从事学习于趋向正觉之方法者，及自己与众人皆可从事趋向而必获正觉。此之三信，换言之，即皈依佛、法、僧耳，即发起无上菩提之信心耳。胜解力生，乐欲乃起，信解乐欲心净名信，由智而信，智信一致，非基督教等盲从之信仰，而不违于哲学科学之推究实验，故唯此为足于今世裂难断之疑网，建不拔之信基也。至由研教、参禅及其他佛教中之方便等，要皆为建此皈依佛法僧之信基而已。人心上若非建成此信基，则终在怅怅乎惘惘然中，混过一生，岂不深可惜哉！

（二）用庄老以解世纷也。晚明憨山大师尝言："不知孔孟，不能经世；不知佛法，不能出世。"今御物质之华美，颂淫靡为文明，恣行言之放僻，标竞争为进化，是非有贬落文明，粪除进化。若老庄之镇以无为之朴，贞乎自然之淳者，其不为西洋化之环境所迷惑驰骛者，盖戛戛乎其难也。是则章太炎之《齐物论释》，最能称乎其职。

（三）宗孔孟以全人德也。信基建则天君定，世务解则乱贼定。如园艺然，种得时地，则生机勃发而积极之精神具矣；围以短垣，则患害不侵而消极之防卫成矣。当继施孔孟之道，以勤耕耘灌溉，然后发荣滋养以成为枝叶扶疏、花果繁硕之园林焉。孔孟之道，言其大要，则施行五常于五伦以全人德耳。五伦乃秩序之人群，五常乃理性之人心实现乎人群人世者。兹列一表以说明之：

$$\left.\begin{array}{l}\text{（外表形下的）}\\\text{人生宇宙之实际}\\\text{（内容形上的）}\end{array}\right\}\left.\begin{array}{l}\text{物质}\\\\\text{精神}\end{array}\right\}\left.\begin{array}{l}\text{人世}\\\text{人群}\\\text{人心}\end{array}\right\}\text{浑然一体}$$

西洋大部文化，偏于外表形下的；东洋小部文化，偏于内容形上的。孔家儒化，是符合内外上下浑然一体之宇宙人生实际施行者。注重之点，在乎人群：1.如何调达人群之内心，使发为适宜人群之伦理常德；此伦常为儒之中坚。2.如何制用人群之外世，使成为适宜人群之器具事物。此事物为儒之表面。依第一条，则佛之五戒、老之三宝慈、俭、让。虽皆近之，而不及孔孟于此最为详审精切，故当宗孔孟。依第二条，则虽不同西洋之专务物质文明，而厚生利用诸学科及军工农商之适宜人群生活者，皆应摄受开发，使人群能制用外事，而不为外事之所制，则对于西洋化亦尽有容受消融之余地。内养人心之正，外应人世之变，以成为具有伦理常德之人群，是孔孟宗旨之所在也。故孟子曰："人伦之至谓之圣。"章太炎曰："宋明理学诸师，所以不肯直趣佛法者，只以其道玄远，学之者多遗民义，故为调停补苴之术；然苟识其情，厉行六度，亦与儒术相依，唯有漏、无漏为异。若拨弃人乘之义，非独不益世法，亦于六度有亏矣。大抵六度本自平等，十善乃其细者。在家、出家皆不能离十善，东圣、西圣亦并依于六度，以此倡说，自然殊途同归。"见余所著《人生观的科学·后序》。亦可谓知其旨已。

（四）归佛法以畅生性也。佛称大雄，依佛立信，成勇者之不惧；老称大玄，用老忘世，成智者之不惑；孔称大成，宗孔成人，成仁者之不忧。备三达德，人德全矣。然德业方新，老病已迫，无长不消，无形不毁，既济终于未济，有生归于必死，而此老病死三关，任英雄豪杰亦无术以冲决，世人之可伤心陨涕者，宁有过于是哉？道家长生之说，欲有生而无老病死苦也；印度灰灭之论，因老病死而并欲无生也。照流居士徐松石，指佛教为灭生息命避世，乃误以灰灭外道为佛教，未梦见佛教也。是皆未明生理，故失阕乎生而未能畅达乎其性也。唯大乘佛法之明缘生性空，乃能宣畅生性，荡然无阂，使老病死不留痕迹。言缘生则莫善赖耶之非断非常，具详唯识。言性空则顿显真如之不生不灭，具详三论。不生不灭，则生老病死之事本无，非断非常，则爱生恶死之情何寄？苟知乎此，其最低限度，不唯乘万化而未始有极，乐不胜计；且能自择于万化之间，操人定胜天之枢纽，以优游乎人天善道，渐成增进。其上者，则趋无上菩提，三无数劫，有进无退，净法满足，究竟常住。必如此，然后人乐为善，叠叠不倦以相引进而靡极。故吾人既得乎生，如是乃能不虚此生，非佛法不能赋与充分之意义及永存之价值，而人生遂必以归佛为终也！

兹之四义，皆就中华国民中固有之心德条理而揭出之者，撮为一图如左：

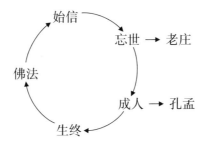

观此中华之国民性道德图，则可知今日欲求中华国民性之道德，必始乎佛法，终乎佛法，舍佛法莫为功也！诚能发挥光大，笃行实践乎此者，则如病危之际，真元恢复；然后固之以军警，理之以法政，培之以教育，资之以实业，调而养之，可臻健康。

六、从改进教育以建设现代中国文化

中国国民的实际生活，十之七八是兼带渔牧林圃和纺织等手工业的农民；近来以各商埠的工商业渐趋发达，故亦百分之十六七从事工商。至于入政法军学界及起为农工商业领袖者，当不过百分之五六而已。假使要革除近来的教育弊端，将教育适应如此如此的国民而使之普及，并能在实际上得到遍增国民能力、推进国民生活的效果，则考察全国学龄的儿童，亦十分之五六恐仅能受初小教育，十分之四五能受高小教育，十分之二三能受初中教育，十分之一二能受高中教育，百分之一二或四五能受大学教育。观此，可知适切国民多数的需要，应当办怎样的小学、中学、大学了。

（一）初小应多分为办在山乡中的农村小学，教师亦须能实习农事并有当地及超当地的农事知识经验，能率领小学生并小学生的父兄共同农作及指导其从渐改进农事，务令学校生活与实际的一般农家生活相近。做了小学生以后，不但仍能去作农务，而且于农务有逐渐改进的效力。如此的小学，才是大多数人民需要的教育，才有普及大多数人民的希望。若养成少爷、双料少爷的小学，则唯有使大多数人民对之疾首痛心而已，那有普及的可能？高小可多分为办在乡镇的农工小学，兼学习一般初步的工商知识经验以外，其余一切皆与初小同。至于为预备升中学、大学而设的小学，则在都市另设十分之一二的小学便可，或并此亦可不须另设，使升中学以上的学生，亦皆从农村、农工的基本教育中而出，则于都市儿童身体的强健劳动的操练与自然生活的接触和实习，乃至他日担当国家社会的公务，亦深知民间的疾苦，尤有莫大的裨益。而且中国人民向有重农的心理，士人商人亦无反对其子弟入此等以农事为中心的小学的理由。对于已过学龄而失学的民众，当另办民众夜学、农暇学校、民众图书馆等以教化之。

（二）初中应为办在村镇间的农工商学校，使学生生活仍与一般农工商民众密切融洽，并实习农工商的事务以养成其知识和经验，俾大多数至初中辍学的学生，皆能安于一般的农工商生活，从事农工商业而能逐渐为乡镇邑市生活的改进。高中则可为升大学的预备或小学教师与较高等的专门职业的修习等等，宜办在都市，使能渐渍观摩近代工商业而为实业进步的基础。要之，小学在养成其农工中心之天然生活、人工生活的知识经验，而中学则在养成其工商中心的人为生活、人群生活的知识经验。

（三）大学或学院、研究院，应看其性质如何而定：理科中心的应设在富自然物区，工科中心的应设在工业区，商科中心的应设在商业区，农科中心的应设在农业区，法科中心的应设在政治都会，文科中心的应设在文化都会，其他若医学应设在人口繁盛都市，军校应设在首都或国防区等，皆以便实际生活的联络与研究。而对于近今务名不务实而滥设的大学之类，尤有紧缩和精炼的需要。其最大的急须改良点，则为除专门学外交和学外国文学与预备外国留学的以外，从小学一直到大学，皆停止外国文的学习。其理由，以既为中国人，当然于中国的文字不能不学通顺，然学通顺一种文已经不易，若再须学通一二种与中国文绝然不同的外国文，势必使学生的身心力量只能用于文字的学习，而对于各种专门学问更不能有精深的研究。此所以中国现今的大学学生，认真用功的每致过劳病夭，而大多数在不良学制的无可奈何下，仅以敷衍光阴弄得一卒业文凭是务，绝不能有真才实学培成出来。而大学所以成此现象的原因，则由留学回国当教授的博士等中，有一些仅能依照其所读的外国文课本照本教读，虽译成国语来讲而不能，由此才假借要研究科学必学外国文的谬习，以文其浅陋。而国内的大学遂除却学一点文学、法学以外，没有学到科学的专门识力的可能。于是，不甘自弃的群趋于向外国留学一途，而经济人才的耗损乃莫此为甚。故今大学等等的改良，第一步应由国家设编译所，尽量的将各国已出的、续出的各科科学书译成国文，使高中以至大学的学生，只要学通了国文便能研究专门的科学；同时，由国家设研究所为二步养成能独立创生各种科学的学者，则中国的大学始有自存的地位，否则，无论怎样总不过外国大学的附庸，岂不可耻？

（四）留学生除理科、工科、医科、农科以外，一律停止。但于各大学助教、讲师、教授，曾服务学校十年或五年后，得派至国外各大学研究政治、经济、法律、文学、哲学、社会学等等，以资深造。此中所省下的留学费，一、足可提高二三大学使极完备，二、聘各国最著名学者来充教授。

（五）民国以来，军队扩充不已、军阀产生不尽的缘故，国内军校和国外留学军事的军官大批产生，亦为要因。今应停止各地所设的军校与军官留学，再不增选未学军事的青年学军事学，唯选拔中级以上军官可深造者，在首都设一高级军官学校，并派遣各国留学，以资研究。

对于中国现在的一般教育，有这五种的革新，庶其可由适应实际而蔚成复兴中国民族的文化。

七、从改进政制以建设现代中国文化

化家族为国族既为目前最切要企图，而顺中国固有的良风美俗，复不应破坏农村趋重工商的经济剧变上，使成为个人资本国家或社会共产国家。于此，应先建立风纪极良的陆军，实行征兵制，使国民一达成年皆有入军训练一年至三年的义务。既导人人发生为国服务的观念，复令人人过惯组织严密、纪律整齐、群众广大的团体生活，自然而然可有超出自身自家私利的观念，养成民族国家的意识，而散漫无组织的旧习亦因以革除，可成为健全组织的国民。

其次，则无论国民党训政也好，宪政也好，终希望能将中央与地方的均权制度确立。早成均权的统一，将物质应建设的建设完成，肃清贪污土劣，治内成廉洁清明的政府，对外成平等联立的国家。

由此，使个人成为顾全国族道义的新个人，不流为资本主义的个人……使国家成为顾全国际道义的新国家，不流为帝国主义的国家，并不沦为废灭国家的世界主义。如是的新个人和新国家，便是踏入天下为公、大同之世的初步，也就是复兴中国民族与造成世界和平的奠基石。

《海潮音》十六卷七期

哲学篇

哲学正观

哲学之名，制于晚近，或曰当名爱智，亦近于中华所云道；要以说明宇宙现象之实体，亦曰实在，或曰本体。建立自他生化之常性，谓之曰哲学耳。前句成物相论，即宇宙论。后句成神我论。即灵魂论，与数论所云神我亦稍异。亦可由前句解决世界问题而成世界观，由后句解决人生问题而成人生观。然立说者种种不同，或取前句而弃后句，或取后句而弃前句，或前句后句并存而无别高下，或冒假名而综计前句后句，或主前句而以后句为从，或主后句而以前句为从。依佛典言之，则前句为意识妄想分别之达摩我见，后句为意识妄想分别之补特伽罗我见。从达摩我见而计之，则乾坤亦曰质力。不灭而实在有物；从补特伽罗我见而计之，则品类流行而常持有神，皆属乎偏计所执自性者也。今试就学者于哲学之普通分类法而如次述之：

哲学 ＜ 自然论　＜ 二元论　＜ 唯物论　＜ 公神论
　　　因成论　　一元论　　唯神论　　我神论

自然论、因成论二名，乃吾依其意义以立之者。别究现象生化之元者，谓之因成论；直从生化现象而言者，谓之自然论。然为学者本欲究明自然现象之因,故今先从因成论所开出之二元论说起。

二元论之立说,以无论在何时何处,当有不可见闻嗅触,必可见闻嗅触——二种特殊现象,前者曰精神现象,后者曰物质现象。现象既然,实体亦必如是。精神唯得变发精神现象,终不能变发物质现象;物质唯得变发物质现象,终不能变发精神现象。遂计二者体性绝异,各别独自常存实在,故说明万有全由此二种各独之存在者变成。而自然论驳之曰:既云二者各独存在,复何缘得变成二者相和合之万有? 征之吾人,固无时无处不有身心互应之情事,奈何于此乃无所说明乎? 一元论者亦驳之曰:必有统一之解说为究竟,方名哲学;并立二异体性各独存在,未足为哲学之究竟论也。于是一元论起。

案:二元论亦有二别。其计实在常存之神有人格者,则若基督教是。盖基督教亦二元论,彼本计"神"外尚有物质之存在,特此大地群生,则由彼神取物质及自精神以成者耳。不计人格者,则如上所明,为一类哲学者之说。

次述一元论所开出之唯物论。唯物论之立说,则以观析推究之极,唯有物质及物质之运动,遂计物质之本体曰原子,万有乃原子和集构成之各各机械。生活灵化,基于物质组合作用;虽人之意识精神等,亦只是物质纤微之活动功能。物质组成之机体破坏时,所谓意识精神即归消灭,无别存在。故真正常存实在者,决唯物质原子。此大抵为科学者所主张。其余哲学者驳之曰:科学中不变之大律,或曰公例、法则、原则、定理。言其形虽如何变化,其量虽永久不可增减。今谓精神由原子和合所变成，则此精神亦应有定量而不得增减。顾物体之破坏，又只许物质之原子存在，不许有精神之原子存在，不已自违其法则乎？又本言物质者，指其为见闻嗅尝触所可得也；本言精神者，言其体虽有而无可见闻嗅尝触也。此义若坏，则物质与精神无可区别，何所依据而立唯物论乎？此义若在，今言精神为物质所变化，物质既变化为精神，则于物质不得不有所减，而又违定量不可增减之例矣！且科学全建筑于因果律，舍因果律则科学不能成立。然因果律实唯意识中之观念，故科学者谬托唯物，其唯物论初未成立也。自然论者亦驳之曰：彼以原子为究极之实体，则各原子皆宜独自存在动作，然事实中初不能有，所有必互相关系调和者。唯物论者任用如何方法，终不能征验各原子独自存在动作，则所计原子且未得成立，况计为实常体性乎？唯神论亦驳之曰：彼谓有物质而后有精神，未知有精神始得认识物质存在耳。于是唯神论起。

次述唯神论他书曰唯心论。所开出之公神论。

案：公神论一名，亦吾依义而立，诸书或曰绝对唯心论，或曰宇宙唯心论，观下论文，其义自见。

公神论之立说，以精神不能自物质说明，谓物质之存在与否必由精神之所认识。命人曰有机物，亦必以有感觉，始得认识其感觉为有机。然感觉乃无形之精神而非形质也，故认识之种种物体事相，无论其为世宙，抑为界宇，莫非精神所认识之种种精神感觉而已。是以凡存在者唯有精神，精神外且不能有物认识，矧认识其为存在否乎？故精神绝对而无外者也。然精神究何所存在？有存于人，有存于动物，有存乎不属动物之物，究极乎常存实在之精神，则明通公溥而无别者也。然其余学者驳之曰：若所认识为精神之感觉，复何因而起感觉乎？若起感觉不待乎因，复何故不恒起浑同成错乱之感觉，乃认识之有间断与差等及条理乎？自然论者亦驳之曰：既唯有公溥之精神，则宇宙万有之物质现象，果遵何道得由无形生出有形而存在乎？若由无形精神中突然而忽有形物，抑何无理之甚！我神论者亦驳之曰：若吾人于自他内外一切不分，此所谓常存实在之宇宙精神，果谁为认识之者？无认识者，则亦一不得认识之物耳。于是我神论起。

案：公神论亦有二别。如竺乾古吠檀陀教所云大梵天神，或云大净婆罗门。含有无别无外一大人格之意，亦属绝对之神论也。今所述公神论，则与新吠檀陀教之泛神义及欧洲之泛神派哲学，大致相同。

我神论他书曰人格唯心论，亦可曰主观论、意我论、意志论。之立说，依前公神论而斥除其不可认识之绝对精神，唯以吾人自我之意识，为出发一切现象之常存实在根本。谓吾真知者，唯自我精神所得之直觉及所成之主观；凡客观之现象，唯由主观认识而得存在，都无独立存在实体。所谓自然界之经验，亦观念与感觉而已，终不出自我精神外；出自我精神外，不得认识一物之存在也。且吾人决无能出自我精神以外之理者，故横宇亘宙，实在常存者，唯自我之精神而已。自然论者又驳之曰：若依此论，应唯许我一人存在，自我以外之人格亦一切否定，则人伦、人情、人群等概是幻影，道德、政治、宗教、学术都无意义。持此论者，亦自知过偏激也，乃谓他人格之存在，可由自我类推而许其存在，然则亦可由之类推及一切动物，以至植物无生机物，无不知其精神而许其存在。本只认自我之存在，卒乃不得不认他人格及万有之存在，论据已先摧动矣！抑又何故对相别之人格，于客观界竟有同一人类之现象入观念中乎？人类各人格、各自观其自造之天地形物，复何故互相齐等乎？此虽有由社会习惯等说，终未能充足解决诸疑难，于是反转归入自然论为完极。

云何反转归入自然论此自然论，他书或曰一元二相论，或曰并行一元论，今高等之哲学，皆依此基础，兹述之亦有微异耳。为完极？从我神论依次回视自然论诸驳，已知之矣，兹再略说明之。其不许常存实在唯自我精神，将我外一切为梦幻，而用其类推法，认他人以及万有各各自我精神之存在，案，此即泛神论。则成我神之公神论；就其会归处言之，且同公神论矣。然无形之精神，如何得发生有形之物质？在公神论犹难解决。乃还用驳唯物论时所云：存在者唯相互关系调和之事实。及驳二元论时所云：吾人无时无处不有身心相应之事实。即取此事实唯一常存实在，而用以精神物质为此亦常实所现之二相，亦以精神物质玄纽之体性为此一常实。借庄生之言以明之，前者曰无谓之而然，后者曰道行之而成。盖在事实，精神之与物质，各自为因、各自生果，又必相伴而起，相待而成，相合而化，相联而存，故精神物质为二相，而事实为一实。其立生化之常性说，有人问曰：如何精神与物质各自为因果，而又有相关联合之事实乎？答曰：即阳光等及谷种等生化禾稻，可见发生之因实由谷种，转化之缘有待光等。谓唯物者，熟禾稻应不待光等，或光等皆谷种独自所生；谓唯神者，苗禾稻应不由谷种，或谷种亦光等各别能生。然此皆无事实，故事实必各因生果，众缘成化。如是由禾稻之生化，转推阳光等、谷种等乃至存在者，其生化靡不然；亦诸存在者，靡不本由精神与物质并生相化而成，故还并现二相有联合关系也。其立现象之实体说，有人问曰：宇宙之所存在，设非精神，必是物质，今日精神与物质为一实体并现之二相，所谓究何指耶？答曰：凡存在者，信乎非精神即物质，然颇曾见亦精神亦物质现成之实体存在乎？若欲征之，则人也，动物也，此生物也；至诸星、云、光、热等也，具体之存在者莫非是也。且从未见有能证明绝无物质之纯精神存在；而唯物论者以经验自诩，亦未闻能征所谓纯物质之原子各独存在也。故真正实在常存者，非精神，非物质，而为亦精神亦物质具足之体性也。凡是，观之人生而然，观之世界亦然，故为生化之唯一常性，亦唯现象之唯一实体，分别其平行之二相言之，则曰物质曰精神耳。

案：此论之立说，直从现事以明，既征现事为实，吾故名之曰自然论。乃依自然之事以成理论，非建理论以解释自然之事者，是以推至终极，还如其初。盖二元论未立之前，此自然理显露久矣。蜂聚蚁游，人情物变，孰非其天倪哉？自然论傥亦返本回原之道欤？

又案：核实言之，至自然论始真成立唯物论耳。盖所谓物者，既人生也，世界也；唯物论者所云原子等，则一无征验之空言耳。故高等进化论及所谓实体世界观者，亦皆建筑于吾今所谓之自然论也。过此以往，乃有真唯心论。

又案：吾今所述，本译著中恒见之义，以译文显有简净可观者，乃取铨叙如右。

转衡中华之学，不穷究因成，故其宗唯顺自然。在人则人，尽人之性即是尽物之性，反诸身而起义，故其说不分列科条，挈厥宏纲，乃有《礼论》《道经》。又胎其魄、兆乎易，仰观之天，俯察之地，近取之身，远取诸物。夫身物则"自然之实"犹云众生。也。天者，无形精神，地者，有形物质，自然之实者人，征人既已征一切自然之实。人而天地乎？太极之一阴一阳也。天地而人乎？一阴一阳之大道也。其理盖同夫一元而二相，平行而一元。《礼论》曰："天命之谓性，率性之谓道，修道之谓教。"夫性情者何？人也，亦自然之道也。自，谓其体性，然，谓其业情。业情者，交待而发，不见夫火乎？厥体自热，其业则遇物而然。火之自然然，人之自然亦然，"群实"犹云万有。之自然靡不然，故曰自然之道。今独标天命之性，盖以立修教之所宗极，故不取乎物交物之业情。犹夫高等进化论建筑于自然论上，其趋向之鹄，乃密迩乎我神之公神。公神者天，我神者命，在人则为人性，亦得通言人格。调和万有之化而通之，则为自然之道，虽所归在彼而所依还在此。此者，性情也，自然之道也。故曰："喜怒哀乐之未发谓之中，发而皆中节谓之和。中也者，天下之大本也；和也者，天下之达道也。致中和，天地位焉，万物犹云万有。育焉。"而修之始乎慎独。慎独者，致中也；致中者，自证乎天命之性也。故自然论必成立乎我神论之后，由我神论而自然论，则所谓致中和而位天地、育万有者也。中者，万有各极其性体而独超对象，和者，万有交兴乎情业而互应成化。中实、和常，同时一处，天地依之而位，故一元而二相；万物亦未始不由天地而育，故并行而一元。《道经》曰："人法地，地法天，天法道，道法自然。"夫道可道，非常道，名可名，非常名，今可道之名之曰人者。依乎人之物质之身，而认识物质之身者由乎精神。而精神又与物质并现乎唯一实常体性，而唯一实常体性则本来自然而然者也，而人亦自然而然者也。故道之即以道其不可道，名之即以名其不可名。人也，道也，自然也，一也。地与天则分别之二相也，而极乎"玄之又玄，众妙之门""谷神不死，绵绵若存"；亦犹建筑自然论上之实体世界观，以盲冥意志为究竟依归耳。此二皆自然论最高者，中华之哲学，臻极乎是，固海西所传哲学莫能驾其上也！

今更准之佛法，未越金刚四相。四相之惑，最坚最利，最难断除，故喻之以金刚。

> 净诸业障大士白大悲世尊言：若此觉心本性清净，因何染污使诸众生迷闷不入？佛言：一切众生从无始来，妄想执有我、人、众生、寿命，认四颠倒为实我体，由此便生憎爱二境。于虚妄体重执虚妄，二妄相依，生妄业道。有妄业故妄见流转，厌流转者妄见涅槃，由此不能入清净觉；非觉违拒诸能入者，有诸能入非觉入故。是故动念及与息念，皆归迷闷。何故如是？由有无始本起无明为己主宰，一切众生生无慧目，身心等性皆是无明。譬如有人不自断命，是故有爱我者我与随

顺，非随顺者便生憎怨，为憎爱身养无明故，相继求道，皆不成就。云何我相？谓众生心自证者。譬如有人，百体调适，忽忘我身，四肢弦缓，摄养乖方。微加针艾，则知有我，是故证取方现我体。其心乃至证于如来毕竟了知清净涅槃，皆是我相。云何人相？谓诸众生心悟证者。悟有我者，不复认我，所悟非我，悟亦如是。悟已超过一切证者，悉为人相。其心乃至圆悟涅槃，俱是我者，心存少悟，备殚证理，皆名人相。云何众生相？谓诸众生心自悟证所不及者。譬如有人作如是言："我是众生。"则知彼人说众生者，非我非彼。云何非我？我是众生，则非是我。云何非彼？我是众生，非彼我故。但诸众生了证了悟，皆为我人，而我人相所不及者，存有所了，名众生相。云何寿命相？谓诸众生心照清净觉所了者。一切业智所不自见，犹如命根。若心照见一切觉者皆为尘垢，觉所觉者不离尘故，如汤销冰，无别有冰知汤销者，存我觉我亦复如是。世间众生惑此四相，虽勤修道，终不能成。认一切我为涅槃故，以贼为子，以病为法，是故不能入清净觉。（撮略《圆觉经》第九分）

此我、人、众生、寿命四相论，虽是大士修证法性时之细惑，非仅有闻慧诸哲学论所能逮，援而比之，亦略可见。转增说为四相根本，唯一我相，主、一、实、常，名为我相。初二元论，譬如孩稚，虽有俱生无始无明我执，而未能起分别我相观念，不自识知孰为自己，亦无专定萨迦耶见，但顺触受，计以为实，有实之想，无主、常之想。进为一元论，乃有爱取之一、实、常义。然唯物论亦如庸俗愚夫，唯计父母精血遗体之身以为我相，其爱取但及现有而不及后有，有一、实想，无主、常想。公神论始统一三世，然犹未有自主宰义。至我神论，于是主、一、实、常四义完足，而我相极成矣。我神论曰：吾人所真知者，唯自我精神之直觉主观，即"云何我相？谓诸众生心自证者"之义也。按自然论由我神论增进一层，本内自征知之自我，以推知触受之物，一切各有内自证知之自我；而论一切我时，则各各自我皆入一切我中，遂转我相而成人相。唯内自触观而征知曰证，由触受感觉而推知曰悟，故曰："云何人相？谓众生必悟证者，悟已超过一切证者，悉为人相。"此云人相，非专指人类之类名，譬云人格及云物相，遍及宇宙万有，正可谓之宇宙万有相耳。此即自然论中真唯物论。自然论即以自然为一元，而物质精神为二相，亦以精神物质之平行为自然。抑自然论中进化论，复说物种转辗为缘而恒其变，近乎识缘名色、名色缘体体指六入。之缘生义。所谓天地与我并生，万物与我为一，则即众生相也。我是天地万物之并生为一者，故我非我而适是彼；天地万物并生为一者是我，故彼非彼而适是我。此众生相，唯由彼推而得了知，故曰："诸众生心自证悟我人相之所不及，存有所了，名众生相。"而自然论究极，唯以"盲意志"为实体，即寿命相，故曰："一切业智，所不自见，犹如命根。"夫自然论所取为万有通性本体，而归向为究竟地之黑暗盲瞽大意志，盖即无始无明行识，一切众生生无慧目，身心等性皆是无明，故人生必不自断命，自断命即非是人生。知起因于无明行识，而结果于无明行识，此在循象数、顺化理之区，亦足云登峰造极矣！顾不知无明行识是病而执为真法，故圆觉之道，概乎其未有闻。

见《道学论衡》

佛法与哲学

　　此题本不易讲，以哲学范围包含至广，材料亦极丰富；如分门别类以言，亦不免许多凌乱纷杂之事状；若单就各个人之学说以叙述而批评之，纵说多年，犹恐难尽；今如何于一期讲演欲泄其秘耶？又如佛法三藏十二部，一切经典，浩瀚宏博，集我中华及印度、日本、朝鲜、南洋群岛诸大法藏，统计两三万卷。即在佛学院中专究三载，有五六教授剖晰明解，使之一贯于佛法融通之宗旨而见诸施用，但仍是一点纲领而已。今以此小小时间，连讲"佛法与哲学"，岂不更是难上加难。虽然，天下事固有析而别之则滞泞难悉，会而通之则天地可泯者。佛经亦谓："破一微尘能出三千大千经典。"若善得其解，精义入神，则短期内亦非无提纲挈领之余地。令欲不虚此会，略为探讨，想亦诸君之所同愿也。兹题内容，虽有：一、佛法，二、哲学，三、佛法与哲学。佛法一端，经两次讲过，暂不深谈，只讲二、三两则：

一、佛法（略）

二、哲学

甲、名义

哲学一词，原于西文而译自日本。日本从文部省令，提倡研究西洋学说后，遂有兹称。究哲学意义，原同于中国"明哲""圣哲"之例，不过，严几道氏谓："直译西文之义，应曰'爱智学'。"爱智云者，言只为爱此足以了达于"宇宙万有的本体真相"之智识而事斯学，绝非为谋生计、求安宁也。欧洲哲学，本于希腊，在希腊初究哲学时代，原为渴望真理，得偿所欲。累日穷年，孜孜不倦，益加以承平之际，生活问题已经宽裕，人民又达其充满和爱之境，处处都资以乐趣与团结，遂流为一种专究学理者之哲学派。此雅典诸国所由群居诸哲学者，荟萃一堂，日本寻于宇宙如何解析，万物若何起源，以成其为哲学上之爱智阶级，与寻常谋衣食住三端之徒迥然不同也。第就中国之周秦诸子，与六朝所称三玄，易、老、庄。及宋明理学、道学等，并与兹哲学相类。印度之数、胜、尼牙耶、吠檀陀诸论，及五明之内明学，外道六十二见、九十六见之见学，与西洋所究之哲学，亦大体相仿。故会以方言，哲学一名，得有爱智、玄、理、道、明、见等种种异称云。

乙、历史

就历史以言，当分为三大支派：（一）印度的哲学，（二）中国的哲学，（三）西洋的哲学。此三不是一源递派所成，故并列以为三。若深究各派之理致及归结二端，则学说歧异，造诣有别。中印暂不讲，试以语西洋哲学之历史，有古、近、今等三段。分述如下：

古代。希腊古代哲学之发源，先是希哲观察宇宙之状态，有谓水能结冰及化气等，以为万物之本体者。后有人以火之运用更大，而认火为宇宙之本体。继此又有以风、以地并水火称为万有或散或合之真正本体者。历时既久，又一派出，黜水火等于形下，谓"唯数量"能贯彻一切，即举此为宇宙之本体者；与上述"唯质"学派，适成对峙。争论不定，遂有推翻一切之诡辩派兴，谓个人是实，余为我之感觉。若眼识能感觉长短方圆，耳识能感觉声音大小等，皆不能外于我之感觉，故唯认个人感觉为宇宙之实在。于此希求舒适，愿望已足，而国家之秩序，社会之安宁，尽可置之不谈。因之，宇宙本体，亦遂有渐弃不讲之势。而西方圣人苏格拉底，乃应时出世，一反糅杂学派、诡辩派及从前哲学派之纷杂，而注意于融通统一。故一面乃精究宇宙之本体，一面又于人事上贯注伦常之道而为之调剂运用，以达其企图之目的。柏拉图、亚里斯多德继之，师资相承，至亚里斯多德氏集其大成，拓新理境，其哲学之说实兼括一切科学而无遗也。今列其哲学之纲要如下：

第一因，系柏拉图师传之说，基督教徒即采取其义，谓之曰"神学"。究之柏、亚等所称之第一因，不过举以为发生万物第一引动之因，非因之而执为实有之主宰造物者。此关于玄想、实用、美术各方面所具之论理、心理、政治、经济、诗歌、雕塑等，其哲学间之范围内容，并极深广，可一览而知。从前唯个人感觉为实在的，及取水或火等一物或数物为宇宙本体等，因皆在破斥之例。而第一因之定义，盖原本其师柏氏所称之概念，谓概念之为物，实超过感觉之上，集种种感觉间之冲动和表现，贯彻于此一念中而概括知之者。在东土儒家称曰"理性"，东方有圣人焉，其心同，其理同；西方有圣人焉，其心同，其理同。人同此心，心同此理之说，几无人不闻。此希腊哲学为西洋之古代哲学者，实以兹三氏称中坚人物。而后此，罗马之伦理、政治等殿阁，亦因此为基而得建筑，焕然一新也！其兼容并蓄，不唯著称一时，且为后世之所不逮！

近代。自希腊哲学说入罗马后，此其最盛时代，旋为基督教代之而兴。由其教会专制之力，希腊哲学仍失其独立资格，降为基督教之附属品。与汉武帝尊孔，周秦诸子学说皆成为儒家之附属品者然。至近世十六七世纪文艺复兴时代，一变其神学方法，知用圣经教典无以通其旨而发其秘，且使哲学转致隐没，遗恨终古，乃宣告哲学独立，与耶教脱离，专志于新哲学之研究。但各树一帜，约分派别为三：（一）大陆派，法哲笛卡尔；（二）经验派，英哲倍根；（三）理想派，德哲康德。

笛卡尔之大陆派，用思考以究真实，因谓宇宙有二：曰物与我，然物非真而我为实。何者？我在故思在，思在则我在故。即为由怀疑入手之唯我的理性哲学。倍根之经验派，依旧在感觉方面，侧重研究自然界之对象，即称此对于自然界之经验为实在，流成一种唯物的经验哲学。康德之理想派，此派乃综合上唯物及我之二派，而注重于知识本身之研究。在彼认识论中所称之"十二范畴"，就时空两间方法差别同异等，推究其真义，以明"能认识之知识本身究是何物"。结果，则以"本体真相为不能知，而可知者，唯思想上对现之象"而已。故称兹理想派亦谓之认识哲学。

合上以观，唯我、唯物，固独标一说，第三说融洽两派，成海西一般学者之通义。但哲学本欲发明"宇宙真相，万有本体"，乃历经推究，失之转远。非但希腊诸先哲始愿所不及，抑亦令后之希踪追寻者有不能承续之憾。中谚："人各一太极，人各一宇宙。"此辈实仿佛各别生活于己所理想之宇宙万有中，局外人徒悲其笼罩性灵，莫知所出，卒如缥渺蓬山难以亲历也！

今代。迨夫斯宾塞出，综合诸科学而成立综合哲学，以"知识论"为出发点，谓宇宙间有可知者之现象，有不可知者之本体。现象之可知者，则皆定为科学公例，而本体则当置诸不可知之列。自斯氏分配二说有其限度后，至杜威氏"实用哲学"，更变本加厉，放弃本体，置之不辨。如谓："我等所讲真理，只求应用于一切之人事上。国有乱，则思御乱之法，社会有不良分子，则思除去其暴而安其良者。一经试用有效，即为真理。而此真理亦犹工具，随用随弃，何以研究宇宙本体为？"进一步解："无论宇宙本体讲不明白，即讲明白亦属无用。"此派学说，即以其推翻哲学上唯一要知之本体者称之曰哲学，故所崇仰之哲学，舍此而外别无"明哲""圣哲"等精深学理之可言；而哲学之路，至此遂尽，唯有科学而已。然法国柏格森氏，独标一新说，则谓本体若不可知，哲学将完全不讲。但本体实非不能知，而能知者即为"直觉"，直觉乃直接觉知之称，中间并不必经过"思考经验"等之步骤而直有所觉。以此物我一观，不起判断，即足为宇宙之本体。反之，若从思考上、经验上所组织集合之出产品，顾经一二度之组合，于直觉也转远，于本有实体也亦转违背。柏氏系依据生物学、心理学，从科学而重辟其哲学之新途径者。罗素氏则以数学为出发点，注重分析，有"心的分析""物的分析"诸说。析到极点，宇宙间唯有活动的事情，无呆定不动之固结体，而依以自成其宇宙观及其宇宙观中之人生观也。西洋哲学至此，举古、近、今三种时代，贤哲明达，数虽甚多，兹抉择以谈，更有此三时代范围之判定，本体知识等之考察，试表列之而获睹其枢要焉：

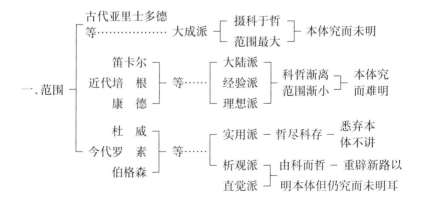

二、本体
- 多元……许多原质等糅杂结合者
- 二元……即主张心物二元者
- 一元……即主张或唯物或唯心或唯实之一元者
- 无元……英国经验派之吼模氏及近代实用学派近是。除现象感觉外，无所谓本体，而罗素氏析观之结果亦近之。

三、知识
- 感觉派……诡辩派、经验派重感觉
- 概念派……理性派重概念
- 理智派……综合经验理性之理想派、析观派重理智
- 直觉派……心境冥合直接觉知、伯格森氏独立张乎是

　　审此种种表解，互相对勘，得归纳一语，则所谓"宇宙本体"者，哲学家实各有一所执之物。今更与佛教比较观之。

三、佛法与哲学

　　佛，无上正遍觉者，即遍觉此宇宙万有之真实性相之谓也。在哲学所不能明，及求之不得而舍弃者，皆佛之亲切证明者也。盖昔哲执一概余，迭兴诤辩，今者或拨置不谈，或另辟新路，要未能有何成就也。在哲学上，要知宇宙真相本体之出发点，与佛学之求正觉法界不无相同；但哲学家卒难确知宇宙之真相本体，或计之为一元、多元、无元等，思维筹度，遽执为当！不知此摸背言床、抚胸言地之徒，或差胜于捏尾言绳者之一筹，而所见较广则有之；然以此瞎子之所摸得者，较彼明眼人之亲见全象，活动自如，仍回然不同也。何以故？皆不出错觉之一途故。众生与生俱生，即有无明我、法二执，无明即无所明，故一切成为错觉，而与无上正遍觉知之佛界，背道而驰，卒难投契。此种错觉上之根

本差误，既始于一念无所明之冲动妄作，谬计进行，故未破其妄，众生毕竟无刹那间觉悟之心得离于无明之流衍，故刹那刹那间无不迷惑颠倒。在哲学家所发明之唯心、唯物等说，但执著一边，谓之法执。由妄见诸法，执为本体，以之辗转测度，随逐定量，不脱"尾绳、背床、胸地"等之观象大小，或殊其方位，或异其感觉，是与梦中说梦何以异？盖概念、直觉等皆无明之所流衍，何能契证法界诸法？固知执沤认海，例所当戒，片面之谈，宁得言信？但由一己意识上妄测而得，证以佛法上"万法唯心，三界唯识"之深旨，卓然不可动摇者，既错所觉知，乃完全站脚不住矣。

夫哲学家欲发明宇宙之本体，固不可厚非，第太无方法，遂致不能达到。佛法则"亲证真如"，了无所疑。真如云者，即哲学家极所渴望了知之宇宙万有的真相及本体也。于佛法中求之，乃真能举无始来戏论分别种种病根，渐伏渐断，亲实见到。故哲学若能反观自心，舍弃其戏论分别之病，则宇宙真实，当处如如相应；独患不反究心源耳！诚使持戒、修禅定等，开发般若智慧，俾无始迷梦逐渐打醒，色心诸法焕然照了，悟入佛之知见，宁非哲学家之大快事哉！今得其总比例如下：佛法——从觉化迷；哲学——在迷执觉。（圣功记）

《海潮音》四卷九期

佛法是否哲学

佛法是哲学抑非哲学，在通常人之心目中似无研究之必要。无如乐道探玄之士，从幽渺之心曲中放其智慧之光焰，必欲照澈宇宙之谜以为快，于是佛法是否哲学遂成问题。又若佛法，大家公认其为哲学，则不生问题；或大家公认其非哲学，则亦不成问题。奈现在学界争论不已，各执一端以衡量佛法。例如内学院之欧阳竟无居士则以佛法为非宗教、非哲学；章太炎居士则谓佛法是哲学；北大教授梁漱溟亦曾持此说以拟议佛法。其一是一非，究竟谁为当理，则成为问题矣。吾人虽不欲附和任何方面以鸣其得意，然既身处佛化之中，责任所在，则佛法是否哲学，不得不辨。

夫名字之界说不定，最足以引争端，故孔子从政，必先正名。盖名不正则言不顺，言不顺则事不成，自然之理、必然之势也。今此问题，譬如因明之宗体，以是否二字缀成敌对之二宗。而佛法与哲学，则应为先极成之宗依，若于宗依有含混，则宗亦非真能力也。故现对于佛法，约略下一定义如下：

一、佛开示之法。斯又分二，一曰教为能开示之法，乃如来所现之身，所说之言，亦即众生所见所闻者。二曰理为所开示之法，即教之所诠表者，亦即众生依圣教而研索以求之者。所谓教也、理也，名义虽异，而皆为佛如来所开示之法则同。

二、佛悟入之法。此亦分二，一曰能悟入之法，如四众弟子、三乘圣贤，本戒定慧三学所起种种之行也。二曰所悟入法，此在佛法上所谓如来之果，为我佛如来亲所证得之果法也，亦即三乘圣众所汲汲以求之者；要言之，亦不外于佛所悟入之法。由上以观，可知依佛开示之教理而起万行，希圣希贤以及所有自利利他之一切言行，皆佛法也。

佛法之界说既明，且言哲学之概要。哲学一语，出自日本转译西洋语而来。若我国所有之学，三皇、五帝之所授受，姬、孔之所阐演，诸子之所发明，要皆可称道学。迨后有魏晋人之玄学，宋明儒之理学，他若圣学、性学等，而未有哲学之名也。自西洋之学说流行，东亚学子见其有似我国向时之道学、理学等而研究之，仍日人转译，亦曰哲学。探本而论，在英文为"裴洛所裴"（Philosophy），译为哲学。其原文出自希腊古语，实合"裴利亚"（Fhileo）及"所裴亚"（Sobphia）二语根而成，其义即求知之意，亦有译为爱智者。即形容斯学之专由爱乐智识而来，在日的上专为求得真确之智识耳。盖凡人之性情莫不欲有所为，而欲有所为必先有所知，以无所知则无能为也。故求知之冲动，实人类之天性，亦即学术之动机也。哲学原语虽远源于希腊，然用为学术之名，则自柏拉图始。其言曰："唯神有智，人则止能爱乎智而已。"又曰："已有智者及愚昧不学者，均不得谓之哲学者。"此殆现时译义择意之滥觞欤。

以上所述，哲学之语义虽略为解释，然于哲学之定义则觉难以置辞。盖凡世间一切学问皆含有求智之冲动，乃至日常生活应用之智识，人类道德实践之轨范，与夫物质生长萎顿分化凝聚之故，诸如此类，凡足以引吾人思想之索求，无不可归诸哲学旗帜之下。其意义之宽泛，又岂片言只字之所能概其蕴耶？虽然，所谓求知，非求人类谋生活之常识，亦不问所学之实利为如何，与夫能否合宜于时世潮流。其学虽涵含一切学术思想，而独于观察事物之理上透彻一层，于吾人之常识上高深一级，以探其本源之理也。苟疑吾言，请喻以譬，夫昭昭者吾知其为日月矣，苍苍者吾知其为天空矣，团团者吾知其为地球矣，莽莽天地一群动物，日相逐于不识不知，吾亦知其为若者角、若者羽、若者毛、若者鳞矣。然此物类之有从何来？无复安往？何以角者不可以为鳞？毛者不可以为羽？其演化之因果何在乎？其显现之形形色色果如何存在乎？即如吾人之心，托六尺之躯以为庐，寄百里之感以为思，所谓"人生不满百，常怀千岁忧"，是果大化之赋形乎？抑有物牵引为然乎？天地万物本有造物主乎？抑偶然而成形，突然而来生，宇宙万有为复个个相离独立而不倚乎？抑本有不可深议之势力而冥冥为之统属乎？吾人为善若归，嫉恶如仇，实吾人意志之自决乎？抑为外来之势力所迫、目的所诱而然乎？凡此问题，皆所谓于事物上透彻一层，于常识上高深一级，以穷其原理也。是即求真确知识之本义，亦哲学之真诠也。

夷考西洋古代对于宗教、哲学、科学之界限，未甚严明，故其言哲学也，不唯宗教、科学皆含混于其范围之内，且几欲将世间一切智识与事物之说明，亦归其统属之下。其荦荦可举者，约有以下数种：一曰神论，二曰宇宙万有现象论，三曰本体论。是为包宗教、科学之哲学也。

一学说之起源，非突如其来，要亦有其所自来之原因。吾人欲求此起源之彻底而得一真正无妄之答案，又非一蹴所能获，于是骋其固有之好奇心，以努力于探讨宇宙之谜。迨至思路告竭，神情惊恐，于是不得不委之于人格之神。此殆宗教之所由起，而为神论之滥觞。沿宗教而言哲学指求知。最高之对象，即为宗教之神。固不能不施以推究与探讨，且于吾人能知之本体，亦以为出自神赋，不可方拟，毋容思考；或竟以为属于神之一部分。而人类之灵性本为哲学重要之说明，遂亦归之于神论焉。

所谓宇宙万有现象论者何？即就天地人物构成之次序，及其现象上变化之过程，而加以系统之说明也。学者凭其所见闻，施其推考，欲以穷宇宙之真相，尽事物之变化，而哲学所含益宏。其研究天象上日月星辰之位置时，有天文学；其研究地球上万物之现象，则有理化学等；研究人生实际上、社会上安宁与幸福者，则有伦理学、经济学、政治学等，故包含一切之科学也。

所谓本体者何？据普通之解释，谓在推究实在之本质。夫万象陈列，其大归不出二种：即占位置于空间之物质，与超时空之精神是也。然试问所谓万有者，果由物质、精神二者而成欤？此二者之根本为同出于一元欤？欲求其解答，于是唯心、唯物之二元论，及不可知之一元论杂然而起。二元论以万有有全然相异之二种，即物与心也。斯说也，流俗信之，然哲学者恒排二元论而求趋于一元。且别为三：其以物为究竟之实在者，曰唯物论；以心为究竟之实在者，曰唯心论；非物非心而不可思议者，曰不可知之一元论。派别愈分愈多，几令学者无所适从；然其最高之目的，为研究万有之本体则同。此说在哲学中最占重要之地位，久为学者所公认。然所谓哲学者，舍研究万有本体之外，果别无所研究者乎？研究本体，果足为哲学之专职乎？此盖不能无疑也。况彼所想像之本体，殆非吾人五官之所能感觉，是其所谓万有本体者，已直超乎吾人经验之外矣。然此颇有学者谓吾人之学问、知识，皆由感觉、经验而来，如英国之洛克。然则吾人果何能以研究此超经验以上之事乎？此又一疑问也。有此诸端，遂形成后述之变迁。

宗、哲、科三部之中，其主要之工具，厥维知识，而在古昔哲人从无专究知识之学。盖以能知之知识，或属之物，别无知识，或属之神，而神实非人智之所能拟议，此殆为哲学与宗教、科学相混未分之故也。其后哲学离宗教而独立，且进而排斥宗教之神，于是哲学之职务亦渐缩小，而但为宇宙之说明及本体之探讨，而神论则付之宗教矣。

方中世纪基督教强盛之时，一切政学大权皆在掌握，宗教之盛，世无与比。哲学至此，已局促如辕下驹。故凡与基督教有益者，皆由教徒随意收容附会，否则，淹没之唯恐不甚！其时学术之黑暗，教祸之剧烈，亦实千古所罕觏者。噫！迨后教权渐衰，宗教在社会之势力与信念日微，古希腊之哲学侵成自由研究之风，渐脱宗教之羁绊而独立。其哲学中之神论，亦斥归宗教之列，而哲学乃趋重说明宇宙万有之现象及探究其本体。

近代科学发达，凡天文、物理、生物、人事之学，日渐分离独立而为一科一科之学科，所分愈多，哲学之领域亦愈狭。而向来对宇宙万有之解释，亦不为科学家信任，而宇宙万有现象之阐明，则科学负其全责矣。至是，哲学所事，不过取科学之原理，总合之、联缀之而加以条贯，施以统系之表述耳。所以，宇宙万有现象论，亦转属于科学旗帜之下，而其真确之知识，亦在彼而不在此也。其为哲学留一席地者，唯本体论，是唯心唯物、一元二元，所言虽以日繁，仅作万有现象以上之探求与敷说，在科学家之心目中，实成过眼烟云，空中楼阁。即此一点，哲学之血胤亦岌岌乎不保朝夕。

于斯时也，英国哲学家洛克，有《人类知识》之发表，专探究人类知识之构成与可知之限度。于是，知识顿成重要，而直认哲学上所言超越感觉经验为不可知之臆测，而人类真确之知识，乃唯科学的知识而已；其未知者，亦唯用科学为能发明。至是，岂非将哲学上之本体论根本取消乎？此时有大哲学家继起，康德即是，彼之言曰：人类之知识非仅赖经验之认识为已足，故必有其超经验以上之最高原理焉。吾人将直观所得之经验而一一施以先天的范畴，即知识之所事。一方认全体世界为超时空之物，而又承认绝对的神之存在，且认灵魂为不灭，恒欲以唯理的精神与宗教的信仰加以调和。然专以考研本体之存在，固已久为科学家所诟病，哲学必以认识本体为可能，应亦有认识之方法。试观彼辈果何所供献于世？夫亦一味颟顸，拾科学家唾余以自圆其说耳。由康氏之说，虽能矫前此哲学家蹈空之弊，斯学余韵，赖以复振。然以固步自封，卒未能探造化之极，遂不免前后矛盾。先于《纯粹理性批判》，既为万有之本体亦非人类之知识所能认识；后于《实践理性批判》，又谓吾人实践之理性上，则有此认识本体之要求，以阐明万有之真相。若能本斯目的以尽人类之灵，未始非斯学前途之大幸，无如其不能也。其后科学全盛，几公认本体为不可知，弃而不讲，哲学于是乎穷。

夫哲学家依之以为生命者既去，则不得不反依能认识之知识为立足地，而以说明知识之知识论为哲学专职。然科学中之心理学，亦自谓能说明认识知识之本性，于是一勺余润，复为科学的心理学家攫去，哲学本身几无完肤。虽然，认识论之不长进，且日窒其生命，然本体之为本体，则自若也。哲学家无勇气，不能履行职务，且招科学家之揶揄；然哲学之为哲学，亦自若也。顾全在乎吾人研究之方法为何如耳！

于此之后，西方哲学者有倡为说曰：汝心理学上之所发见者，非活动不居之知识本体也，而能活动之知识本体，乃为映摄全宇宙之中心，此非科学之所能窥测矣。此近代哲学家说也。诚如是，则哲学之在学术上自有其相当之位置，而宇宙万有之中心说与本体论，其命运要非绝无再生之期。夫古代诸哲，其学在当时，非不持之有故，言之成理，然终不免为人所诟病者，亦良由其取材异也。藉使借科学之精英而施以哲学之推论，亦未必遂为科学所穷。故晚近哲学家如柏格森、罗素、欧根之伦，率多依科学所得而立哲学之基础。如依生物学、数学、心理学，以说明一家之哲学者是。但斯学虽兴，而专言科学者，则不认哲学之存在，以其所依真确之知识，仍不外生物学、数学等范围也。故哲学虽经种种之变革与过程，而哲学之出发点亦仍不出平常人常识之范围，且较科学之经验为浅薄。科学则差强人意，凡物之不可以目睹者，则有显微镜以窥其微，望远镜以穷其远，非若哲学者对于高深玄远之理，专持常识以施其推论，一一以理想出之也。故其于大地之起源，列星之轮转与夫生物之存没等等，终无以与吾人适当之答覆。可见哲学之基础完全建于推论悬想之上，非有实际之证验，故与科学较已望尘莫及，遑论乎佛学！

至宗教虽高下不一，然其心中要皆有修证所获之特别境地。此非常人之所能经验，则其基础不同哲学之在常识也。宗教之最有价值而为现在思潮之所急需者，莫佛教若也。欲于此荆天棘地之人生而施以平坦大道，唯佛法为能！欲于此恍恍惚惚之哲学界下以适当之解决，亦舍佛法莫属！

佛法之真义既如前述，其所谓教、理、行、果，以与哲学较量为何如？佛教之教，乃从证智流出之教，此教非哲学之所有；有之，则唯推论悬想之理耳。然彼所谓理，唯凭常识与官感之见闻觉知而施以比度，推想所得，故亦终不脱理窟与悬谈，而无以起行，亦无从证果。佛法则不然，其教乃如来真智等流之教，教所诠理，亦称智证所得之理；故理与实际如如相应，理事无碍，事事无碍。本斯无碍之理，可起而行，可行而证，故诸行自在，果亦圆满。所谓坐微尘里转大法轮，于一毫端现宝王刹，世间谁与比耶？如斯种种，哲学皆无，故非佛法。哲学之非佛法审矣，但佛法未尝不可以包哲学。何则？佛法之徒，依佛圣教推究其深义，阐明其玄理，皆由思维比度而成高深学理，此盖首依比量之智以讲明学理，略同哲学之性质；而由理起行，则又非哲学之事也。

总之，据佛法中闻思二慧，学者推理之所得，则佛法一分可云哲学；据教及行证言，则世间之哲学皆无，故哲学非佛法。（善长记）

《海潮音》六卷三期

唯物唯心唯生哲学与佛学

今天承贵校哲学系诸君相邀，得来与各位研谈学理，觉得很庆幸。余前曾作《唯生论的方法论阅后》一文，略论及唯物唯心唯生与佛学的关系；兹承贵会同学以此问题提出讨论，特举其要为诸君言之。

一、唯物哲学

讲到哲学，不外唯物、唯心诸派。先说唯物论，在哲学上唯物论的派别很多，但在根本的主张上有一共通之点，就是"外境离心而有"，而且是在心之先有。至于心灵作用的精神，不过是以物质为基础而后生起之现象，宇宙万有及一切心灵作用，皆由先存在之物质而生起。如宇宙万有中到了动物才有心灵的作用，再进化到人类才有思想及高度的意识发展。未有人类动物以前，岂不就有地球和太阳行星等吗？倘不先有地球等物质，则心灵无所托。一切皆依物质有而有，所以说"唯物"。此物质不但比心灵先有，而且在心灵后灭。如先有眼才能见色，有耳才能闻声，有脑才能思想。此见、闻、觉、知之心灵虽息灭，而眼、耳脑经之物质不即化为乌有。此种理论，因与一般人的常识很接近，所以能普遍发展，而近代的科学，亦多依此唯物论而得建立。其中派别虽多，本人觉得可以三种概括之。

甲、原子的唯物论

此派学说，乃基于物理化学的科学发展。唯物论者最初认为宇宙的真正实体，是一粒一粒物质的最小单位——分子。当十八九世纪的时代，科学者研究到所有物体，共有九十余种的原素；更分析之，则为最小单位的分子；然其后分析进步，知各分子更由原子所组成，于是原子的唯物论遂据之而起。此种原子是用数学分析出来的，已非眼所能见，但仍不是最后的实体。近代科学更研究到原子还由多数的电子组成，则原子仍是已成之聚体现象，一粒原子即等于一个太阳系，其中有很多成分，如一太阳系有许多行星、卫星等，一原子中亦由一电核含有多数的电子环绕。更近更有"能子论"的出现，认为能子才是物质最后的单位。按，此说现尚未达确立之境。其实分析到能子已无物质的存在，已将物质化而为力了。反之，则可云由力结成质而有宇宙万物。但总是与心灵不相关之先有的外物，在分合变化。虽然电子之说起，可以推翻原子论，而能子之说兴，又可以推翻电子论，然仍属以分析所得最后外物单位为万有所本之理论，故统称之为原子的唯物论。

乙、自然的唯物论

此派学说，不特别注重物质构成的单位之分析，以作物质实体的说明。他们认为凡一色、香、味、触之自然界的物质，分析起来还是与自然界存在之物质相等。凡能使吾人可见可触者，就是有物质的实体存在，不待分析为最小单位而后认为是物质的实体。西洋学者赫凯尔的宇宙之谜等，可以代表此派学说。中国前数年有所谓黑漆一团的宇宙观及古来的道家思想，亦颇与此派接近。

丙、辩证法的唯物论

辩证法唯物论的理论，在近来最流行，他们认为宇宙万有都是在矛盾对立流动否定中进化。流动的原因，由于相互对立。对立的原因是事物的本身都具有矛盾冲突的性质。依这种理论的立场，便认为宇宙万有的自身包含了矛盾，遂时起对立的斗争；斗争的结果，使事实变动而向前发展，成为新的形态。此新形态又以矛盾而对立而冲突而斗争而变化发展，永远流动无有止息。这种动的世界的转变，便是客观的物质的存在，所谓精神的心灵意识，不过是物质发展到一定阶段人的阶段。时的现象。直言之，心灵的存在，不过是物质的派生而已。

二、唯心哲学

唯心论各派的共同点，即认心的作用为万有存在或生起的本因，而同时都否认或怀疑物质可离心而存在。此亦可分三派来说明。

甲、观念的唯心论

观念论者以为，人们对于万物中某一物的认识，须在意识上先有该物的观念。如对于桌子，须先有"四只腿一个平面长或方的桌形"的观念，然后再由材料而实现。假若没有这种观念，就不会有这种现象。而现象上存在之桌子是不普遍、不永久的，观念是普遍永久的。当我们想到桌子时，世界所有的桌子都为我们的观念所包括，此观念属于意识，是心，故宇宙万有唯是以心为本体。照这样说法，则我们眼前这张可看见、可摩触桌子存在与否就成问题，因为他是可毁灭的，是暂有的。换言之，它不过是观念的一个特殊表现而已。观念论到近代的笛卡尔，更有高度的发展。他说："我思故我在。"于是，宇宙万有在观念论者看来，不过是"观念的表演"而已。此观念，在佛学上只是一种名相，认作本体亦属错误。盖此不过由概念之相而立以名，至于万物现象之所以有，尚不如此简单。近代唯心论的趋势，恰与相反。

乙、经验的唯心论

所谓经验论，是科学之一个发展的阶段，他曾领导科学成功很大的进步。他一方面反对观念的唯心论，但认为唯物论的本体也是不可存在的。真实的东西，只是个别的特殊的杂多的经验。这种经验即为人们的知识及知识内容，除此别无真实的存在。这派学者以洛克、休谟为其代表。经验论亦正成立了万有是唯心的，比如眼所经验的不过是青、黄、赤、白的显色，或长、短、方、圆的形色。若谓是手能拿到的经验，则手所取者不过是轻、重、冷、暖而已。凡此经验，皆不出感觉之心，此感觉经验到之物皆在于心，乃成为主观的唯心论。如谓唯有我一人所感觉经验者为有，则世界就只有我一人，那末夜间入寐时感觉不起作用了，那时的存在物又由谁经验而有呢？岂不应彼时一切都不存在了吗？若谓由上帝经验，则上帝有无尚成问题。如近代进步的思想家，多有不承认上帝存在的。而美国现代更有杜威、詹姆士等一般学者，创实验主义，使经验不单是感觉的累积，将知识、思想、行为亦作为构成经验之流的原素。换言之，初感觉的是混沌的经验，或素朴的材料，再经意识思想的雕刻，始成为真确的知识。这便是实相主义的"思维术"的贡献了。这种主义，我以为是"扩充了的经验唯心论"。

丙、泛神的唯心论

泛神论亦可称为万有精神论、宇宙唯心论。如印度古时奉大梵天，谓一切皆梵天幻成。西洋如斯宾挪莎以及康德后之黑格尔，都是此派的代表，不过万有精神有程度高低的不同。他们认为宇宙间根本的最后的存在，只是绝对精神，而一切可感觉的自然界的一切存在物，只不过是他的低级或高级的发展。即宇宙是一大精神，于是宇宙便是一个泛神的世界了。精神即是心灵，故名泛神的唯心论。

三、唯生哲学

唯生这个名词，近始倡出，但其思想与意义，古今中外俱有。兹亦分三派论之。

甲、生命的唯生论

此说可以法国柏格森为代表，他认为宇宙人生都是一种"生命冲动"的表现。由生命的冲动而成生命之流，当冲动紧张表现活泼时即是精神；反之，冲动松懈时，则散成为静态的物质。如炮火一样，当其爆炸之时，即是活动的精神；爆炸后散落下来，便成为静的物质。这可名之曰西洋的唯生论。中国哲学大都可称为唯生论，如《易经》是儒道两家所共的哲学，易者就是变易，时时变化，生生不息。因阴阳变化，品物流行，而有金、木、水、火、土五行。行者，行动迁流也，流行到某阶段名之为金，流到某阶段名之为土，宇宙一切都是生动变化的。

乙、太极的唯生论

中国古代哲学最富于这种"生"动的思想，《易经》一书可为唯生论的源泉。《易》曰："天地之大德曰生。"又曰："生生而不已谓之易。"生的意思便是阴阳协和与偏毗的继续变化，由阴阳二气的渗透融合，便成五行，由五行便生长万物。所谓阴阳太极，太极是阴阳的均衡。由此说明天地万物皆是活泼泼地流行着而不可拘定，若一拘定说是某一物时，它早又起了变化，而不是某物了，所谓物各一阴阳，物各一太极，各各物都在刻刻变化生动。这种学理，余名之曰太极的唯生论，或名之曰古典的中国唯生论。中山先生亦继承此思想，他说宇宙重心就是生，而社会的原动力在"民生"，生生不息而进化，是贯彻宇宙人生的。

丙、生元的唯生论

宇宙根源的物质，不同西洋说是无生命的原子。譬如身体是原子构成的，但粒粒原子、个个细胞也都是有生命的。中山先生提倡三民主义，在其著述中，对宇宙人类社会有两句最扼要的话："生是宇宙的中心，民生是人类历史的中心。"并在行易知难的学说中，倡生元本体论。以后陈立夫等更就中山先生之主张，与现代自然科学之知识，糅合成一严正之系统，是为唯生论，参看陈立夫先生所著之《唯生论》及《唯生论丛书》。可名之曰现代的中国唯生论。

四、佛学与唯物唯心唯生

以上，就各派哲学简单说明，兹更论其与佛学之关系，亦分三类来对照说。

甲、法性无生与唯物

佛学中大乘的法性宗，明宇宙万有的真实，就是空。法即指万有，万有皆依假相而立名，此假相亦可是辩证法的、非固定的、暂时和合而成的，其真实只是空，此空性则是普遍永久。既普遍且永久，则不生不灭不增不减。若能明得此诸法的真实性，则不为外物所累，可以解脱一切苦厄。然由吾人智慧不明，见地不真，只见假相而误执为实有万物，积谬相成，习非为是，而不知永久常住普遍存在的只是空性。吾人之所以见有宇宙万有人我是非者，皆因不明空性而误执假相，如此，则"心因境有"。这与唯物论的先有物质而后有心灵相近，或可称为"唯境论"。所谓"心本无生因境有，境若空时心即亡"。因此可由唯物论进而研究到佛学中的法性唯境义。

乙、法相缘生与唯心

佛学中还有法相宗，此宗对于前宗所说的假相以为太笼统。因假相，亦有全假不全假之别。如言马角，世间根本没有此物，是名全假。而世间有生灭和合之相者即不是全假，如一线之火急旋为轮，线火即不全假。又如牡丹花须有种子、水、土、日光、空气以及人工种种培植的因缘，始能含苞吐萼，种子是它的亲因缘，水、土、人工等是增上缘。而真正的因缘乃为吾人阿赖耶识中所含藏之种子，由有继续存在之习惯势力在心识中存在，方可以有此牡丹花之发现。万有的生起皆以阿赖耶的种子为因，此阿赖耶识即是心。法相宗的唯识论或唯心论即由此而立，而且可以包括前面几派的唯心论。大乘法相宗把心分成八识，前五识的唯心论可以包括经验的唯心论；第六七识的唯心论，可以包括余二派以及其余一切不能融会贯通的唯心论。

丙、法界妙生与唯生

法界即统括一切法。佛法到中国来，演为天台宗、贤首宗，此可称为法界宗。他所谓诸法无碍，互主互伴，一法即一切法，一切法即一法，如一支粉笔，它的种子因缘与法界一切法都有关系。此法如是，彼法亦如是，随拈一法皆为法界，一切法不必于一法外求，我如此他亦如此，故亦可绝对自由，但由一一法所在之地点、时间等不同而有差别，而成人物。人中又有自他各不相同。而每一法生起，皆通过去、未来，无穷无尽，故名不可思议缘起的妙生。此与物各一阴阳，物各一太极，其义相近。而欲将太极讲得圆满，最好研究贤首华严宗的六相十玄之法界缘起义。

今天拟的这个题目略说如是。诸位若能从研究哲学而一探佛学的奥义，将更见其圆满。（尘空、李思齐合记）

《海潮音》二十卷第七、八期合刊

西洋中国印度哲学的概观

前在开学之日，本院陈定谟教授，曾提出梁漱溟、张东荪二君所评论现代人类应采取西洋、中国、印度三派思想中，以何派为适当之一问题。此二君皆以世界哲学，大别为西洋、中国、印度三类。张东荪君曾著新《哲学论丛》一书，后有一篇其题为《出世思想与西洋哲学》，而以佛法为出世思想之代表，且兼言及中国孔、老哲学思想。梁漱溟君曾著《东西文化及其哲学》一书，而其研究之出发点，则根据于佛学。兹二君之意志相殊，梁君主张适宜于今后之学说，非采取中国者不为功，张君则认为只宜提倡西洋哲学。

畴昔余尝作《论辩梁君之缺点》，文虽简略，而关于彼对于佛学之偏蔽，已稍有指摘。梁君虽以中、印、欧相提并论，而皆未能充足说明。于西洋哲学，仅取科学及民主政治而已；至于印度，则仅注意于佛学中由无分别智而证万法本体之一点，然于此点亦尚未能全部说明；其于中国哲学，仅择孔子之思想，若老、庄、杨、墨、名、法各家之哲学，亦都未能贯通。然孔家思想，尚不失为中国之主干；盖由孔氏若少偏于自然者则近乎道家，稍趋于人治者则近乎法家。梁君所以服膺仲尼者，其意亦在乎人生哲学。然以为能真正达到哲学之目的者，仍以佛学实证为归宿。但在此时，则谓非提倡孔氏之文化不可。以为佛家哲学太高，若在现时提倡者，唯有少数人受其利益，反致引多数人昏然以迷信鬼神。至西洋哲学及其文化，虽已造成现代民主政治社会与科学工业之利益，然使人困于计较，互相冲突，已到于利尽弊现之惨毒困厄时期矣。而梁君之赞美于孔家者，以其能领得人生之真趣味，免除倾向外面之追逐也。迨至时世丰乐，人人深发无常之痛感，乃为需要佛法之时代。此梁君说明自身虽最心佩佛教，而又主张采取孔子文化者之所以也。

考察梁君所研究之佛学，大概三论确有深造，唯识知而不周。按《唯识二十论》，首先研究色法之唯心变现，以色乃心之相分，随心以变，故人生对付色法之物质，可以全恃自心支配之。次论及他心自心关系，但他心各有其自动之反抗力，不能为自心支配，倘仍用西洋物质之办法，则不可通矣。《唯识颂》云："辗转增上力，二识成决定。"谓对他心须彼此互助而成事也。譬如制木为器，彼无所拒；欲人助我，则非由互相谅解以求其同情，不可得也，此所以须用中国文化。然人与物二者之自身，无不是有漏皆苦之性质者。世界有成、住、坏、空，有情有生死之流转，老病煎迫种种苦楚。至其时，则物质改造也，精神互助也，皆将束手无策。而处和乐之境者，尤易深深感觉于此欲济之者，则非以无分别智，照了诸法之本空，不可得也。印度数论谓苦有三：受自然界风雨水火之厄，山川阻碍，天时不利，此乃对天之苦也；小则为人所蔑视，欺骗诈吓，大则遭败国、亡家、丧身、失命之刀兵、监狱、劫夺，此乃对人之苦也；而自身人人不免有贪欲、无明、瞋恚等烦恼，与老、病、死之苦，则对自身之苦也。利用西洋与孔家文化思想，如次可除一二之不幸，唯第三者非佛法不能获其解决。此梁君思想出于印度哲学之证据，而决然唯认佛教为真对者，亦在乎此。

张东荪君之评论佛儒，盖基于梁君口吻脱化而出。彼于西洋哲学之研究，最有深造心得；虽自言少年即从事佛学之研究，然实未能深到；于中国学术，亦未有深研究；故其评论中、印，先已自立足于西洋矣。张君于佛学，亦注重离言实证之一点，而极钦佩佛家大仁、大智、大勇之精神，谓尤胜于西洋哲学，而轻视孔家为卑劣，由此可知梁、张之主见不同矣。其以为今后之社会，仍须以西洋理智精益求精，以从事改善之进步。且西洋发明之理智，有人人共同享受之共享性，及流传后世继长增高之堆积性，而佛家之实证，仅为自身之受用，无流传后世及与他人共享之益，且有无实证尚为问题，所以取西洋理智，为今后社会之救星也。综结梁、张二君对于佛家，皆有敬仰之心理，同时又皆不采取佛学之思想，此其同也；张君崇拜西洋而轻中国，梁君重孔家而蔑视西洋，斯其异也。今讲此题，与之稍有关系，故先略述之。

一、本体论——宇宙观

甲、形的，可测量的，拒摄的，合成的

哲学大分为本体论、知识论、行为论之三，兹先就西洋本体论而言之。然亦非谓盖一切西洋哲学都是如此,但其主要思潮则不逾乎此。

西洋哲学之要旨,在说明宇宙之本体为有形质之物,而其各个分子悉为独立存在者。希腊哲学之开始者,以为万有之本体为水,继之者有认为火及风等,渐进而析为分子、原子以至于电子,大类于印度顺世外道之唯物论。所云分子等,大抵为占有空间位置而可测量者。换言之,则虽极细微而仍有方分也。设在其用上而考察之,有两种性质:一则为抗御不相容拒力,一则为吸受能相容之摄力。今时更发明一种能子,而其体虽早非耳目所见闻,但在其心理上固仍认为是一有实体者。总而言之,宇宙之体为可测量之极微形质,其用则为互相拒摄之力而已。宇宙之体用如是,而其所由之以成为宇宙万物者,即各分子荟萃而结成种种之团体也。所谓由电子而原子,而分子,以至矿、植物等。质言之,西洋哲学者所主张构成万有之原素,虽大有差殊,而约其大齐,则多数人皆承认为由多数有方分之微小实质组织积聚以成之者。

除此派而外,尚有所谓唯心派。若仔细考察之,则西洋并无所谓唯心者,而仅有观念论与实在论之两派。所谓实在论者,即认为各个实物悉皆独立存在,而不为心力之所左右者也。至于观念论,通常谓之唯心论,其义盖认一类一类事物之类性为实在,即认事物之共相为真实,而以各个事物为非实也。希腊柏拉图其人,即此派之代表,盖据吾人心理上所成各各之普遍的概念为实在者。尝如我今手中所持者名为粉笔,所以成此粉笔之名相,盖由其余多数粉笔，亦共有此相故名之也。一个一个之粉笔或成或毁，而此名相则不可磨灭，故反较个体为真实也。然此派所认为真实之观念，亦仍为事物之共相，不过非官觉之对境，而为意识上所对之境耳，安得谓之唯心论哉？近代西洋哲学，如英国哲学家休谟之唯感觉论，始有近于唯心论者。西洋学者，初以色、香、味、触为物之次性，而可以测量之大小、轻重、速度、时分等是物较为实在之初性；迨休谟、柏克莱以至现代之罗素，乃承认感觉所感觉者为事实，而近乎佛教前五识之唯识论。至詹姆士纯经验之意识流，始近乎第六识之唯识论。叔本华之盲目意志，及柏格森之生命流，始近乎第七识之唯识论。然西洋哲学固以实在论及观念论为主，而此两派所取者，固皆在乎物，不过有"自相""共相"之别而已。

乙、气的，难捉摸的，感应的，裂生的

中国哲学家之本体论，实无正确可指明之者。若《老》《庄》《周易》言之为"道""太极"等，大概都认气为宇宙之原料。例如《老子》之冲气为和,《孟子》之浩然之气,宋明儒之理气等。然此气也，又无实指之一物，以是之故，即不得知其为何气。暖气乎，冷气乎，呼吸气乎，水蒸气乎？况且中国人开口便以气为言，仿佛无有一物而不可称之为气者。譬如愤怒者，称之为怒气冲冲;有天资者,称之为灵气所钟;有本能者,称之为才气敏捷;二人知交者，谓之意气相同。诸如此类，不胜枚举。因此，欲寻求为宇宙本体之气，则适成其为诡怪奇异而难以捉摸之一物矣。至

于气之作用为何？譬如人与人相交，因有美的或恶的感情之激动，而生起互助或互妨之反应变化，天地之道亦犹是也。如金、木、水、火、土之五行，一逢相激触之时机，即不无相感相应之变化矣。宇宙之体用如是，而其所以成者何哉？按《易经》之意义，最初为混沌一气之太极，既而气有所偏，感生应起，忽然分裂为二：一为阳气清者上升为天；一为阴气浊者下凝为地。由两仪生四象之四时，由四象生山、泽、水、火、风、雷之八卦，于是乎万物发生矣。老氏云："一生二，二生三，三生万物。"意亦近是。总结中国之宇宙论，不出阴阳发生感应而分裂以成之也，即如雌雄而有雏也。但原始无阴阳而仅一气裂生，则亦犹原生物之由独体裂生焉。

丙、神的，不思议的，变化的，幻现的

此所言印度哲学，不是从佛教意义而讲，乃从印度一般之哲学思想而略明之。其义在前后弥曼萨派：盖谓宇宙之本体，皆由大梵所造作而成者。即彼大梵，兹称之为神；以其不可思议者，亦即越乎论理之判断者也。非但成宇宙万有之大梵为如是，而吾侪有情亦莫不具有真我，而此真我实与大梵同性无别，所谓"我即梵，梵即我"者是也。已而尼犍子即耆那教兴世，乃从梵即我中，而打破我外有梵之见，与数论同仅承认神我之独立存在；且每一有情，皆各有一普遍之神我也。无论大梵、神我，悉为人之所不可思议，以见闻莫及而推理亦不能证之也。宇宙之所以成者，不思议之神之所以变化而幻现出者也。譬幻师能演木石为象马之幻

境，又如梦中能现种种人物。大梵既已幻成此宇宙矣，若欲得解脱时，非用修持方便以冀还归此不思议之神不可也。迨至佛教小乘学说行时，乃不仅否认梵，而我亦无之，独取变化幻现之心、色诸法而已。

二、知识论

甲、数理的，以数度数的计算

吾人如欲解决宇宙之根本问题，必须恃乎极有技能之手腕，然则此技能之手腕为何？则知识也。但西洋取以考定宇宙本体之知识，不外乎数理而已。数学包括所谓数目、代数、几何学等。而其作用，近则能于多物中或一二物中，计算互相相差或不相差之点，远则推定宇宙万有之质量。故西洋柏拉图、亚里斯多德，即以数学为一切知识之基本，推求事事物物，务得明晰确定之观念。于是，可知西洋人之知识，胥在乎数理之中矣。按数理知识审之，能知所知皆以数为焦点，所以能有知识者，数理也；而所推求之事物，亦不过测其长短、广狭、厚薄、重量、速率、时分等之数量耳。宇宙之本体，又如何而推测之邪？分析而又分析之，一至于极微，指人所不能见闻者以为宇宙之本体，虽无可得，而其推认为占空间时间之一实质之观念，则尚存乎中心。西洋哲学，近虽有否认实质，而认为宇宙万有仅是一种一种之方程式者，亦正见其皆为数量之计算所致焉。近来经验派，以感觉所经验之色、香、味、触为实在，叔本华、柏格森等以意志冲动为实在，似乎与数理之计算为敌，但就西洋哲学思潮上有力量之知识言，以数理而推度万有为数理而已。

乙、情理的，以情洁情的忠恕

代表吾国知识，则唯儒家之情理，意谓理存人情之中。西洋用数理、论理学推理，专趋客观之物质，若夫人生情意，全掷理外；中国则舍情而外，无所谓理矣。洁，推度义，人人不欺的、忠实的，审知自己之人情而推及于他人者，即忠恕也。质言之，知自之所好而亦推知人之所好，知自之所恶而亦推知人之所恶。人我既同一好恶，则于己应涵养心气，凡举措者，须认清于人情不悖之理性，方可为也，亦即较为有利益或道德者取而行之也。己所应作及好恶，同时推致他人，亦莫非如是而已矣，此即以情洁情。盖彼此有相似相近之情理在也。儒家非仅知识于情，而其道德亦据于情。然本篇扼乎知识，其知识即量己之情以忖人己共通之理者，由尽人之性至于尽物之性，则其推之宇宙本体，适成难以捉摸之气矣。盖因人之心气和平时，每有若天地人物混然而为一者，一旦稍有偏激之感，则反应而为分裂之形势，卒就冰炭二者不相容，又调和而成第三者焉。一生二，二生三，天地之道，何独不然？故中国人要旨，在于养气。语云"十年读书，十年养气"，斯诚证也。儒家固然，即老、庄、宋明理学亦尔，故中国知识与西洋相殊。就西洋言，数理知识是最有明确固定而不变之性质者，无论何时何处，凡判定之理均不变更，例如二加二等四之类。情理知识的中国则不然，《孟子》曰："亲亲而后仁民，仁民而后爱物。"盖随其情之厚薄而有差别，非待遇万物一致之博爱，或兼爱所同日语也。因其自然最相亲者而亲之，谓之亲亲；因其同类可相偶互助者而相偶互助之，谓之仁民；已而推万物同赋天地之气所生，亦兼而爱之，谓之爱物。此乃儒家情理知识上之差别境也。且人与人相偶，皆以有彼此相感应之作用，而其变易至为无定。我善遇他人，则他人亦善遇我，我若稍一不慎而致忤他人，他人则亦将现愠怒面色之反应矣。随顺情之至不齐者而适符其分，无过不及，是为情理之知识，又安能以数理知识之物理齐一之哉？

丙、心理的，以心观心的定慧

主张即情见理之中国，注重涵养心气；印度则不随俗而定事物之标准，而采取以心观心之定慧，以判断之。盖就心以观，则见森罗万象悉为心理内容、为心理活动之所转变呈现。然习气扰浊心识，须锻炼而清明之，方能彻底了知事物本来如是之真相。所谓定慧者，佛说吾人皆必修习而后得成。能统一吾人身心随六尘而起喜怒哀乐等流动散乱而集中之者，定力也；能于心理内容所知境，审谛观察而知其悉为心之变现者，慧力也。定深则境若无，逮心动则境随现，宛然若由一论理推理所不及之"一不思议的神"变化而幻现为万有也。然定慧有胜劣之区别，不独佛教以之修行，在佛以前之印度婆罗门教，即有森林之哲学。森林者，人森林而修静虑也，企图个人之我能与创造万有根本之精神的梵相吻合。佛说梵为禅天之主，修得初禅者得亲之，但仍有漏世间耳。后有数论等虽摒除梵，而我犹存，以为人人有一实我，其体为常住普遍不变者，一切千差万别之万有，乃由此我之要求而起，若欲止其要求而解脱者，非假途定慧不为功。犹太之耶稣基督与阿剌伯摩哈末德之尊崇上帝，殆近崇拜梵天之思想，但较之崇梵天更为粗劣耳。

三、行为论——人生观

甲、神对物的

凡人身语意志之动作，皆曰行为。择定人生有价值之目标而行，即人生观之意义也。要而言之，决标乎行为之价值与否，即以之而确定人生应如何行为之旨趣也。

为西洋数理知识之对象者，不外有形可测量之物也。超出数理测量之外者，即不能入其知识之范围，甚至置其能推测之自身而不顾。故近人有认宇宙仅为各种之程式者，此在佛典即百法中二十四种不相应行之类耳。希腊古诡辩家，尝言宇宙以个人主观为计量，盖能推测之主观，既不在知识之范围内，遂为超越所知宇宙上之神，故康德亦以人心为宇宙之立法者，如神对物之可造作与支配。但各人之测量方法杂沓，以致客观成为各种之宇宙，而主观成为各种之神。古时希腊之神甚多，殆以各种之主观方面皆为神，而其对面客观之一切，则无非可计量之物。既而希腊灭而罗马兴，亦大抵以纵其超越之我，攫我外之万物而宰割制伏之以为利用品，否则，取而消灭破坏之以快其意，为其最有价值之唯一人生观耳。故唯以智能勇力为贵，而怜愍自他之苦以谋普遍安乐之仁德，非所措意。已而基督教输入，强者更假其宇宙上帝所造作主宰之说，自居于神父、神主之地位，造成支配之权力阶级，视被支配阶级为蠢然之物，遂激成宗教及政治之革命。……

乙、人对人的

能拔除视他人为机械而利用之观念者,殆唯中国人对人之人生观。自居以人，视相对者亦为人，则人与人之间必须互相感通谅解,乃可提携和合，各遂其情之所乐，各得其生之所安。否则，将陷于阽危厄窘之地。故人生有价值之行为，首在乎对于生我之父母，教我之师长，以及兄弟、伯叔、姊妹等亲族而亲爱之。推之于同文化之民族、同形性之人类，以及动物、植物、矿物，莫非与人同禀天地之气所生，亦应泛爱及之。故儒典曰："万物并育而不相害，道并行而不相悖。"又曰："四海之内，皆兄弟也。"又曰："父天母地，民胞物与。"故天地人物互相调剂而各得其所宜者，华夏民族所欣然而踊跃以趋之者也。

丙、物对神的

印度所视为人生有价值之行为，盖趋向于物对神的方面。虽则人与人之间亦承认为兄弟、朋友，但不如中国思想特别重视人类，而夷视人类为一切有情动物中之一类，列之众生之内，与诸众生同具神性，以期各各实现同具之神性，解脱众生之苦厄，故谓之物对神的。由物而欲到达圆满之神，须摒除俗欲而静观个人之我，即为万有本体之大梵或神我，然后达于神界，此为印度行为论之大概。虽亦有主张唯物的顺世论别开生面，大抵为印度人之所轻视。

四、西中印哲学与佛教

佛教亦从心理的定慧观察而出。数论等认为心理变化之下，有一实体之神我，然此为推理经验所不能证明者。佛教大小乘之共通思想，首先攻除此点。据佛教言：除心理现象外，了不可得，梵固非有，实我亦无。心理现象为何？色、受、想、行、识也。色者，见闻感觉之对象，而受、想等即见闻感觉等也。虽数论等亦有无我之义，但彼希冀解脱心理错觉之个人小我而返归神我，佛教则即斥彼神我亦出于错觉心理也。至于小乘佛教所谓身心世界，又如何而有乎？不出乎五蕴中所造行蕴之惑业，致招感识蕴、色蕴等，以成有情辗转流浪生死，及世界成住坏空之相续不断。只要无明惑业消灭，即得解脱永灭，更无所谓实我存在。大乘不但观实我空，即色等五蕴亦非实法，而似光影、水月之幻化，其幻化亦无定相之可得，所谓一切法空者是也。如何而能证得之乎？彻底完成心理慧观，销融梵及神我之僻执，见为心理作用中之阿赖耶、末那识，而证一切法唯心所现，即以心力而转变之，转烦恼为菩提，更有漏为无漏，遂能圆满成就佛果身土，湛然相续，无有穷尽。由此大乘佛教乃从吾人实际修持进化，而渐渐转识以趋向无上之佛果者也。从行为论以言之，佛教谓众生皆可成佛，能有"物对神"向上之利，而无其迷执之弊；菩萨苦乐同情，能有"人对人"亲和之利，而无其庸俗之弊；佛陀大愿度生，能有"神对物"勇决之利，而无其暴害之弊。更从知识论与本体论以言之，解行智之推理观察，于色等法及不相应行法，悉能普遍精细而审虑之，有西洋理智之胜而不滞形数；后得智之如量施设，有中国感情之妙而不拘气习；根本智之称性亲证，有印度定慧之德而不落神秘。总而言之，佛教能摄西洋、中国、印度之长而去其短，及为其所不及者。梁、张二君未见佛教之大全，故望望然去而之于中国、之于西洋，而卒莫知所归欤！

更摄为一表，以见佛教与哲学比观之大意：

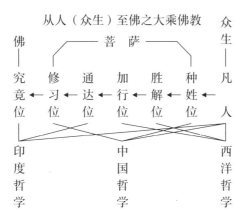

自其皆未脱凡夫之见以言之，悉离佛教犹远；自其各有特点之相似言，则中国哲学于种姓位尤近之，西洋哲学于胜解位、印度哲学于通达位，有其趋向而未能至。故梁君不须改佛以从儒，但修大乘菩萨之种姓行可也；张君不必虑佛教无共享堆积之理智，求之大乘菩萨之胜解慧亦可得也。此则窃愿为梁、张二君进一言者也。（默如记）

《仁学》粹编

谭浏阳之学术宗旨，大端行于《仁学》一书，夫人共知矣。而《仁学》一书，得于佛学者为多，又人所共知。然其中持论有偏激处，有掺杂处，有自相矛盾处，虽参互错综不离其宗，欲专供佛学上之研究，盖不如汰去其繁芜之为愈也。今择其精纯于佛学及逼近于佛学者，加以述语，颜之曰《仁学粹编》。世有欲以佛学为入世应用者乎，则取此而读之，殊不无小补云尔。

教无可亡也，教而亡，则其教之本不足存，亡亦何恨！教之至者，极其量不过亡其名耳，其实固莫能亡矣。名非至人之所争，圣人亦名也，至人之名若性皆名也，即吾之言仁学皆名也，名则无与于存亡。呼马，马应之可也；呼牛，牛应之可也。道在屎溺，佛法是干屎橛，无不可也。何则？皆名也，名固无与于实矣。

述曰：世之断断于名者，又乌知名之无与于存亡乎？自世人以名为教，为教之实乃反为名所督。名在人而不在我，实在我而不在人，反求诸其身而无不得者，求于实故也。然则吾曹之为佛教前途虑者，其勿以世相之盛衰隆替为喜戚，而审佛教之自身、佛学之实际为何如焉可耳。

> 网罗重重，与虚空而无极。初当冲决利禄之网罗，次冲决俗学若考据、若词章之网罗，次冲决全球群学之网罗，次冲决君主之网罗，次冲决伦常之网罗，次冲决天之网罗，终将冲决佛法之网罗。然其能冲决，亦自无网罗，真无网罗，乃可言冲决，故冲决网罗者，即是未尝冲决网罗。

述曰：尽虚空是一大光明藏，尽法界是一圆觉性海，本无网罗，本无网罗为障碍，夫何冲决之有？唯众生如蚕作茧，自缠自缚，乃有此如幻如梦之网罗。界划太虚，重重无极。冲决网罗者，即是未尝冲决网罗，可与《金刚经》"灭度一切众生而实无一众生得灭度者"参看。呜呼！此可见浏阳造学之深，非猎教语为口头禅者比矣。

> 自唐、宋以后，咕哔小儒，徇其一孔之论以谤佛毁法，固不足道；而震旦末法流行，数百年来，宗门之人耽乐小乘，随断常见，龙象之才罕有闻者。以为佛法者清净而已，寂灭而已，岂知大乘之法，悲智双修，与孔子仁且智之义，如两爪相印。唯智也，故知即世间即出世间，无所谓净土；即人即我，无所谓众生。世界之外无净土，众生之外无我，故唯有舍身以救众生。佛说："我不入地狱，谁入地狱。"孔子曰："吾非斯人之徒与而谁与？天下有道，丘不与易。"故即智即仁焉。

述曰：《维摩经》云："不离五欲而出三界。"又云："佛道当于众生心行中求。"又云："随其心净则佛土净。"彼一味清净而已、寂灭而已者，又乌知佳卉出于粪壤，莲花生于淤泥哉？昔维摩与文殊说大乘不思议法，迦叶等五百弟子闻之，皆涕泪悲号，以谓我等何不幸而竟绝分于如是大法。今之学习宗乘，而堕于断常坑堑者，览此不知亦有如迦叶等之涕泣悲号者否？如其有之，吾窃慰之；如其无之，吾益悲之。

> 既无净土矣，既无我矣，则无所希恋，无所挂碍，无所恐怖。夫净土与我且不爱矣，复何有利、衰、毁、誉、称、讥、苦、乐之以足动心乎！故孔子言不忧不恐不惧，佛言大无畏，盖即仁即智即勇焉。通乎此者，则游行自在，可以出生，可以入死，可以仁，可以救众生。

述曰：众生之所以不能解脱于生死忻厌者，我爱与法爱累之也。有我，我爱也；有净土，法爱也。小乘人之恐怖生死，希恋涅槃，亦我爱与法爱为之也。唯大乘之士，了知净土唯世界，我唯众生，众生唯识，世界唯心，心识如梦幻，弥满清净，唯一大圆觉性，不容停留一法，亦未尝停留一法，而净土共地狱平等，我共万物平等，始无所用其爱憎，得大自在，得大无畏。

《佛教月报》第三期

论胡适之《中国哲学史大纲》上卷

予作此论，先有欲申明者。胡君此书与佛学本无甚关系，然取而论之者，不仅以其为新近出版的国语杰作，有关于现代人心思想者颇巨，而更有二种之原因在也。胡君援用西洋学者的历史观念，以为解释演述中国哲学史的工具。予往者读日本境野哲君所著《佛教史大纲》，于此点亦与胡君相同，尝有不满意之感，欲藉此以一论西洋的历史观念，一也。胡君于此卷的中国上古哲学，对于佛教底评判虽仅微露端倪，然闻胡君将继是作中古、近古哲学，中国哲学之第二期，既以佛学为主干，而近古哲学亦以禅宗为普遍的关系，其对佛学将下如何之评判，必甚重大。今可于其已微露底端倪中察知大略，二也。兹论列于下枋：

一

西洋学者的历史观念，进化论的历史观念也。故明变而不明变中之不变，推变之发生，在于时代形势而抹煞其余相等之关系。不知一个哲学家的思想学术之发生，实于个人之才性为主因，而更有种种助缘如下：

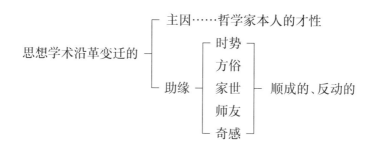

予读日本人近作的《佛教史传》，叙论释迦牟尼之开创佛教，马鸣、无著等之昌明大乘，大约不过将印度当时前后的思想学术情形趋势摹述一番，以为其所以如此如彼的因缘效果，而绝不曾于释迦、马鸣、无著等才能德性与常人不同之处，及其思想学术于现在及将来之影响，一探究考论之也。今胡适之君虽说明有三种原因：（一）个人才性不同；（二）所处的时势不同；（三）所受的思想学术不同。又说三种的效果，以为哲学价值的客观评判：（一）要看一家学说在同时的思想和后来的思想上发生何种影响；（二）要看一家学说在风俗政治上发生何种影响；（三）要看一家学说的结果可造出什么样的人格来。但考核其全书的精神起来，其推求原因，评判效果之所贯注的，亦只在时代形势而已。处今日之世，除却个人才性及奇感，其余的助缘，诚有可用时代形势以包括之者。然在古时交通阻隔，且中国保家世、传子孙，向帝王兼握君权、帅权，教育限于士大夫，不卜逮于庶民，则非注意方域土俗、家业世位、师友传习与时代形势并重不可。且个人特殊情境下的特殊证悟，尤有足以改变其平生之性格，而产生一种特殊的思想学术以影响到群众心理者。例如人因怪病、异梦、遭贬、悼亡等等，遂一换其人格者。若王守仁因遭贬龙场，动心忍性而成大悟，遂有所谓王学者流传中华、日本，及今未衰。使王氏当时若无龙场之贬，浸溺于朝中的势利富贵，则其后来之成就究应如何，殆犹未易知也。胡适之君未能将哲学家个人的才性，特殊的感验及其方域、家世、师友与时代趋势兼营并顾，唯侧重时代的思想学术大趋势立论，致于古代哲学史的史料，觉得十有七八与这进化论的历史观念冲突，而悍然遮拨为十有八九都靠不住也。但在予，亦非谓古书都靠得住是真的，且予亦承认胡君所判定某书某书是伪造的、假托的、杂凑的、错集的、极有明确的证据而毫无疑义的，但也有些因为心中先存了个进化论历史观念的成见，将由于个人才性的不同，与所生长之方域家境的不同，及生平的师友特殊的征发种种不同，而发生思想学术的变化，多有与时代学术思想的大趋势不能符合者，胡君即断其为必无之事，而不知尽有可援别种原因解释之余地也。

又，若胡君于评判上所援的例，谓："古代的命定主义说得最痛切的，莫如庄子。庄子把天道看作无所不在，无所不包，故说，庸讵知吾所谓天之非人乎？因此，他有乘化以待尽的学说。这种学说，在当时遇着荀子，便发生一种反动力。后来庄子这种学说的影响，养成一种乐天安命的思想，牢不可破。在社会上好的效果，便是一种达观主义，不好的效果，便是懒惰不肯进取的心理。造成的人才，好的便是陶渊明、苏东坡，不好的便是刘伶一类达观的废物了。"若此种评判，在胡君固以为是客观的，不是用自己的眼光来批评古人的，但庄子所言的，是否命定主义，抑并非命定主义？陶渊明、苏东坡、刘伶一流人，是否庄子的命定主义所养成，抑并非庄子的命定主义所养成？古今人评判不一，胡君作此评判，亦怎见得不是用自己的眼光来评判古人的是非得失呢？予谓凡评判，多少总离不了主观的见解，其要在主观的见解能圆满周到否耳。然一种的效果，亦决非一个原因所发生，一个原因亦绝非但发生一个效果。其效果与价值究竟如何，亦未可据当时或暂时于思想、风俗、政治、人格所发生的影响遽为判断。正犹化学中的原素一般，与某种某种的原素化合，便成了此种现象；与某种原素化合，又成了那种现象。一种现象不单是一种原素所成，一种原素亦不单成一种现象，亦未能据其已经化合发生的现象，遽判断彼原素决定但有何种效果及与价值。何者？若遇新原素与之化合，也许发生新效果、新价值，或失却曾经化合之要素，亦能消灭其已成之效果及价值故。例如苏东坡自然也受庄子学说多少影响，但其人格决不得谓之唯从庄子学说养成的；而庄子学说，亦绝非但影响得苏东坡一个人，或陶渊明、刘伶等几个人。顺世言之，周秦诸子学说隐晦了二千余年，到新近才有复兴之兆，则虽谓其效果与价值，要看之今而后；已往者，皆未足为评判是非得失的依据可也。随便的东扯一个人，西指一桩事，以为是那一家学说所发生的效果，即将这些效果说是那一种学说的价值，岂就算尽了评判的能事吗？

二

胡君论近世哲学，尝谓："宋明的哲学，或是程朱或是陆王，表面上虽都不承认和佛家禅宗有何关系，其实，没有一派不曾受印度学说的影响。这种影响约有四方面：一面是直接的，如由佛家的观心，回到孔子的操心、孟子的尽心养心《大学》的正心，是直接的影响。一面是反动的，佛家见解尽管玄妙，终究是出世的，是非伦理的。宋明的儒家攻击佛家的出世主义，故极力提倡伦理的入世主义。明心见性以成佛果，终是自私自利，正心诚意以至于齐家、治国、平天下，便是伦理的人生哲学了。这是反动的影响。"予尝谓宋以来的儒、释、道三家，是皆用禅宗打了底子的，但儒、道二家终究是治世的、保身的，故于禅宗终究是不能彻底，而表面上三家还是各行各的，所谓儒以治世，道以忘世，释以出世。与胡君此论，似乎相合。实则释家于禅的根底上所行的形式，亦自是佛教的律宗、密宗，特与儒家不同，亦非必定是出世的。但当时的儒家硬将世间占定谓唯属于他的形式，致佛教的现行形式既与他不同，不得不谓之单是出世的了。其实，禅宗与一切佛法，皆是通为世出世间底善法的。佛教五乘中的人乘正法，便是佛教的人生哲学。居在今日，只可谓佛教的人生哲学与儒家不同，不能谓佛教非伦理的。盖佛法本是透彻出世，而亦利益世间尽未来际的，在中国但由几个出家的人于山林中保持佛教不坠，不曾用佛教的人生伦理学来代了儒教的。因中国的思想、学术、政治、风教，先为儒家独占了，佛教到隋、唐后，几乎有易而代之之势，渐惹起儒教徒的恐慌抵抗，经过隋、唐、五代而入于宋，佛教僧徒为避免与儒家的冲突起见，乃依出世法与儒的治世、道的长生，划疆而守。故虽谓佛法在世间，尚未一度发挥其功用，其效果与价值，将看之今后的努力以为定可也。

大概佛法以明心见性为因地，以大悲普济为根本，以圆成善巧为究竟。胡君谓明心见性以成佛果，终是自私自利，一由不知佛法的根本与究竟，二由不知佛法所谓心性，故竟能于明心见性以成佛果的下面，连写着"终是自私自利"六个字！所谓妄认四大和合为自身相，六尘缘影为自心相，不知身心外洎世界，皆是真心之所显现。若知佛法之所谓心之与性者，则心者，天地同根，物我一体的本心；性者，周遍常住，圆满清净的真性。明之者，莫公焉；见之者，莫溥焉。夫又安能将"终是自私自利"六个字连缀以成一辞哉？我近来常见浮光掠影一知半解之徒，尚不能将所要批评的东西弄个明白，便硬拖来瞎三话四的胡乱批评。以胡君清爽的头脑、明利的眼光、通平的心量、渊博的才识，深望能将佛法细心地研究一番，当真的能将古近西东的思想学术，条理通贯比较评判一下子，将各种文化及其哲学都射注到酿造今后美善的文化、真正的哲学上去。明而不取，用而不舍，不偏执著古代或近代的一二端以相排而自蔽，不亦善乎！予闻胡君作《中国哲学史》下卷，将有叙评佛法，故藉斯出之。

《中国哲学史大纲》上卷内，精华卓论多得很，但既与我今欲评论的目的无关系，姑请从略不谈罢。

论《复性书院讲录》

马君《复性书院讲录》一二三，文从字顺，其辞雅驯，义积纯熟，其理平允，宛若程、朱、陆、王之再现。虽笃行践形处犹未获深知，而读书为说，则粹然类之矣；岂唯类之，且尤有胜之者也。试略言之：马君于禅宗语录、台贤教义，亦研习得相当纯熟，引之比合儒言，乃往往恰到好处，使儒道藉以辉煌炳耀，大有非宋明道学诸儒所能及者，其胜一也。承清代发皇小学考据经子之盛，马君亦尝含咀英华，撷拔芳萃，其取精用弘处，亦有非宋明儒之空腹空心、疏谬夸诞堪比者，其胜二也。值清季民初以来，欧西学术云奔雾集，震荡全国，自政治教化以逮民俗生活，均呈剧变，马君胸有悬衡，静观默察，其所愤悱启发于世缘者，亦远超宋明诸儒而上之，其胜三也。然大醇不无小疵，再更端议之。

"阳明释知善知恶是良知，为善去恶是格物，不善会者亦遂以物为外；且如阳明言，则《大学》当言格物在致知，不当言致知在格物矣。"按，阳明言知善知恶是良知，不曾言知善知恶是致知；致知即致良知，就在为善去恶的格物上力行，故又言知行合一。何得云如阳明言则《大学》当言格物在致知，不当言致知在格物耶？殆犹未免于先儒妄生异同，心存取舍欤。

"天台据《法华》判四教，慈恩依《深密》《楞伽》判三时教，贤首本《华严》判五教。"按，判三时教有数家，最明显的是慈恩一家所依的《深密经》文；而《楞伽》则绝无三时教文，故非判三时教所依也。

"如释氏讥教相不明者为儱侗真如，颟顸佛性，儒者之学不如是，以始终条理也。"举此辨儒、释，必先明释氏之学乃是"不始终条理者"乃可。然此斥不明教相为笼统颟顸，正显佛法始终条理即教相。之不可不明，犹儒氏讥不知始终条理则血脉不通、触涂成滞耳。其引此二语而失其意，不亦了然欤！

引"悉檀"为"遍施"，虽出天台教义，但悉檀译"宗"，后来贤首、慈恩教义已均更正，不应再沿袭承用。

"《楞伽》云：一切法不生，我说刹那义，当生则有灭，不为愚者说。言朝夕者，犹刹那义也。"按，"一切法不生刹那生灭义"，或可当闻道的"道"，以朝闻夕死的朝夕为刹那，附会得太是勉强。以朝闻为圆悟真常了生脱死，以夕可为无生法忍，亦比传略似耳。

"贤智分属知行，知德为智，行仁为贤，犹《华严》以文殊表智，普贤表行也。贤智黠不肖即圣凡迷悟二机，君子小人二道。佛有四圣六凡，儒家只明二道；但简贤智之过，实无异为二氏预记。释氏弹偏斥小，叹大褒圆，知以大拣小，以圆拣偏，未知圆大之中亦有过者，此孔子所以叹中庸之德也。"则愚与嫉兼之矣！盖佛说四圣、六凡，儒家仅君子、小人二道，乃佛遍一切众生言，儒仅就人言，广狭天渊也。"弹偏斥小，叹大褒圆"，乃天台家判方等时教则然，天台所判五时教之余四时教不必然，且余家之判"各方等经"亦不必然也。举此为佛教皆然，则迷谬之愚也。乘此出佛教"未知圆大之中亦有过者"，无论佛应机说法，偏圆小大各适其宜，无从出过；且就圆大言，事周理遍之谓大，患尽德满之谓圆，又安能以过不及义加得上去？唯承宋明儒慢嫉之心习，乃借孔子叹中庸之德，自文其固陋，自安其庸俗耳。

然此犹出一二句义之误解，毋庸深咎。若以士，卿，大夫五等比菩萨五位等，不安者多，今不一一。且进而论其所关之大者：

一、儒家乃就人事以求其当，就人情以求其安而已。依据现况稍为修整，以歌治效之美，而无彻底的革命精神，祈响于究竟真善者，故无敢透视现实之过患，力图断除超越。但如诗画等美术家，凭想像构成其美以安慰其情，聊以为已达于至善至诚也。昔尝说大乘之革命，明大乘佛法是向现实宇宙经过彻底革命而再成为真实纯善完美之宇宙法身，净土。者，而能革之工具即四念住或二空之观慧。为一图简示之：

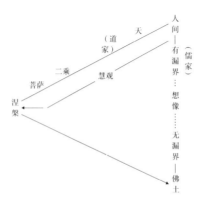

道家及高等宗教，与印、希、欧哲学或最高科学，均有超进人间之宗趣，故于人间社会亦不安现状而为打破之建设。然真善之成现，乃经过观慧荡空人世，以超天、超二乘、超菩萨至大涅槃，始尽患而达德圆之佛法界。儒家不经空慧破显，而平望真善，则仅向美术家之虚构想像，最不革命者也。故于佛法显佛果圆德之处，每易比合，而于佛法看破幻相证极空性之增上解行，坚绝不受。故有"佛言妄明生所则世界为幻，儒言一气成化则万物全真，此为儒佛不同处。《正蒙》辟此最力。"及"圣人以天地万物为一身，明身无可外，则无老氏之失；明身非是幻，则无佛氏之失；明身不可私，则一切俗学外道皆不可得而滥也。"最革命的佛法固为所不容，而有革命性之老、庄及哲学科学，亦无不被反对矣！

二、家族伦理是构成儒家道理德行之主要因素，故儒家着重于子弟对父兄之孝弟为人格道德修养基本。有子的孝弟为忠信之本，孟子之孝为众德之纲，乃至《孝经》之孝为至德要道，演为后来通俗的孝弟为八德之首，求忠臣必于孝子。据此而排斥杨、墨为我兼爱为无君父；又适逢佛教之出离家族家产关系，以个人入住教团之和合僧为佛教之主持，由此遂亦为儒家掊击之焦点。实则人天乘、大乘均不必出家，必出家者仅二乘，而在中国未发挥人乘、大乘之风化，由此有多士夫纵信修佛理，仍退保儒家原位，以另成其儒家之佛。宋明之"道学儒"，以此为最要起因，沿至马君亦于此深深着意。如云："现前一念孝弟之心，实万化之根源，至道之归极，故曰孝弟之至通于神明，光于四海，无所不通。自来料简儒家与二氏之异者，精确无过此语。"又引伊川作《明道行状》云："泛滥诸家、出入释老者几十年，返求诸六经而后得之。明于人伦，察于庶物，知尽性至命必本于孝弟，穷神至化由通于礼乐，辨异端似是之非，开百代未明之惑。"又引黄石斋《孝经》有五大义："阐杨诛墨，使佛老之道不得乱常，五也。"注谓："阐杨墨虽孟子事，佛老之弊更在其后；然《孝经》之义明，则杨墨之道熄，谓为过之亦宜。"皆据孝弟为本之堡垒，以抵御以攻击余家者；盖儒家失此堡垒，即失其进德修业之所依也。然今日则已遭严重之厄运，一般儿童自五六岁知识初开，已常时生活于学校集团；迨其青年壮年生活于公司、工厂、军队、政团等职业群中，已少家庭关系；甚至如苏联之由托儿育婴以逮幼稚园学校，父母子女兄姊弟妹更鲜特亲机会。一方面养成其独立个人，一方面受授于国族群体，直由小己在大群中修养其道德人格，方能适为现代之法治国民或未来之大同世人。不唯人德之修养重心不在家庭，且家庭已自然融解于国族社会，靡可凭依，保其残喘余势，乃反足为累。陶孟和君分析中国家族制度对于民族特性之影响，认为产生相忍倚赖不安定人格之压迫，缺乏组织能力等习惯和行动，则原来亦未达到从家齐的基础上以成功国治之效。虽有繁殖系縻等好的方面，而坏的方面本已非少，及今则弥觉患多而德鲜矣。所以《孝经》丧礼等之赞美尊严者，失其真实需要；而新圣注重化宗族为国族，欲以"孝民族而弟国民"变其质，盖非无因也。

三、儒教之确立，在孔子删定六艺为教，及门三千，身通六艺者七十人。七十子后学，展演为孟荀以逮董郑；就在传持阐发于六艺，宋明来则称十三经或四书五经。五经犹耶教之《旧约》，四书犹耶教之《新约》也。有此教典，据为自立破他之准则。近至井研寥君之经学一变二变而五变，皆欲以六艺括尽人间道术，不容许更有出过其上或并列为尊之道术。此事或称为保持民族文化之功首，或亦讥为衰弱民族文化之罪魁，近人更多申讨其锢蔽之过者。而马君则承传孔、孟、程、朱之道统，尊扬六艺，卑抑一切。如曰："彼为义学指一部分佛学。者之判教，有小、有大、有偏、有圆、有权、有实，六艺之教则绝于偏小唯是圆大，无假权乘唯一实理，通别始终等无有二，但有得失而无差分，此儒者教相之殊胜，非义学所能及者也。"又："死生之义，佛说为详，然彼土之言虽多亦无所增，此土之言虽简亦无所欠，此在学者善会。先儒不好举佛，亦无过也。"又："川上一语，可抵大乘经论数部，圣人言语简妙亲切如此。"又："如后世玄言家或至任诞去礼，质胜则野也；义学家每务知解辩说，文胜则史也。二氏之流失如此，亦以老子之恶文太甚，释氏之言义过奢，有以致之。今人行好脱略，言好攻难，学不逮古人而病则过之，《学礼》与《春秋》是其药也。"其诋老庄则每曰此玄言也，对海西哲学、科学以及时人之说，则皆以私智穿凿拒之，唯丁佛说之甚美而莫掩者，汇缘萦饰之。唯儒道为实理为至圣，更不容有所斟酌损益其间。由今观之，儒者所称美二帝三王之治，并非事实，偶现一斑亦甚微。孟子说："当尧之时，天下犹未平，洪水横流泛滥于天下，草木畅茂，禽兽繁殖，五谷不登，禽兽逼人，兽蹄鸟迹之道，交于中国。"加以欢兜、共工等内奸，及有苗等外患，岌岌乎不可终日。舜、禹勤劳数十年，稍致治平，而家齐更为难说。尧、舜之子均不肖，而舜更加父顽、母嚚、弟傲。文武周公以一家三圣致治平，而管、蔡之乱旋出其家。春秋之中，弑君三十六，亡国五十二，诸侯奔走不得保其社稷者不可胜数。所谓三代之治何在？修齐治平既无实征，则所云性德亦乌知其非实理而为假想！故"大哉尧之为君也，唯天为大，唯尧则之"等，仅同耶教赞美诗，可为歌咏涵养之美文，而不足认为人性实德曾现之实事，实认之则正失之愚、失之诬也。由此，应知人世有漏多苦之佛说为实。而勉为十善业以造福人间，已非易易，钜欲上比佛净法界，抑何僭妄耶？不祛斯蔽而自锢，将如蒋百里君云："自礼乐书数射御的六艺，改为《诗》《书》《礼》《乐》《易象》《春秋》的六本书，举天下之良法美意，无上妙品，一一须经过这一道腐败幽门，而后入于中国社会。百药罔效之总因，岂非在此？"则久为深患，设今仍堕此窠臼中，殆非中国民族前途之幸欤！

然则中国已不须传孔、孟、程、朱之道统，而孔孟之道已不须研修欤？此亦不然，孔订六艺，七十子洎孟荀继承以来之儒学，自为中国学术思想之主流。第其关于历史文化与关于辞章文学并小学部分，可归入各大学文科攻究外，而马君传宋明"道学儒书院"之统，如讲第一册所示学规、读书法、通治群经必读，诸书举要，亦已堪作楷模。但宋明儒之锢蔽处须更加解除，而孝弟等义更须以新圣孝民族等说扩充之，成为"孔孟之道研究修养院"性质。承用复性书院之名亦可，此乃言其规定之性质耳。他日恢复历史上有名之白鹿洞书院等一书院以建立之，程度在大学之上，百万人中能有一人研修，则全国可得四五百人，专作为"人格道德之陶冶修养所"，三分之一在院陶修，三分之二任各大学、各高中、各师范学校训育主导，守为专业。更开观摩游学方便门，使军政学长之退开者，与各国慕中国儒风之学者，得来短期修习，则可收获分宜之实益，复不妨碍其他学术之分途发挥，各适其用。且其影响之大，可间接及于全国各界与各国高人，庶仍不失为组成"新中国文化"之一重要因素。但吾意与此同时并应有一"佛仙之道研修院"。这两个研修院，归属中央研究院，可称为孔孟研究所、佛仙研究所。通俗之佛教、道教，另为通俗之宗教，但专供全国及各国高人之研究修习，应另有此一种国立之学府。仙道为卫生学、医药学之一特殊部分。佛学所修约为律行、禅观、净业、密法之四门，而仙道殆可附归密法以学修之。西藏密法中之炼气、制药部分，本通仙道。更融会仙道而精彻之，上达佛证，下足为养生之术，亦中国学术之一精彩也。要之，在镕冶国故、钧陶世变之新圣的新中国新世界文化中，应认识孔孟之道、佛仙之道之特色，在适当之范围内为适当之建置，勿拘一孔之儒之宿习，则与今世之自然科学、社会科学均遂其宜矣。

《时代精神》五卷二期

论梁漱溟《东西文化及其哲学》

夏历十月十日，由北京讲《法华经》毕返杭，适与张仲仁先生共车，出梁漱溟君所著之《东西文化及其哲学》，读之终夜，不忍释手，真近年有新文化运动以来第一之杰作也。梁君以深细精锐之思，成此不朽之文，恐透彻了解者殊不易多得。余既真知灼见其义，且与我所提倡之佛化关系颇大，故不得不粗略先为一文以评之。

梁君推究各方文化之发生，于地理、天时、经济、交通等种种周围之助缘外，特别注重于"天才"及"意欲之主因"。且为中华文化数千年所以停滞不进者，乃由老、孔等几人之天才太高，使后人仰慕犹虞不及之所致，此皆深获我心，而去年评胡适之君所著《中国哲学大纲》时，亦曾略言及之者也。

梁君以"生活意欲"之向前求增进，说明西洋古代及近代之文化；处中求调适，说明中华之文化；回后求解脱，说明印度之文化。但言人世，虽觉甚当，统观法界，殊不谓然。今另为表如下：

思议的障碍的生活 ┬ 向前求进的……西洋文化
　　　　　　　　├ 因顺苟安的……中华文化
　　　　　　　　└ 根本解决的……印度一般文化及
　　　　　　　　　　　　　　　　　三乘的共佛法

不可思议的
无障碍的生活 — 大乘的不共佛法 ┬ 分证的……菩萨法界
　　　　　　　　　　　　　　　└ 满证的……佛法界

　　梁君以"物质""他心""无常律"为障碍生活之对境，意谓对增上物质之障碍，可用西洋文化排除之；若他心之障碍，则须用中华文化融和之；而有生必灭之无常律，唯印度文化乃足解除其障碍。另将文艺、美术等列为一种相似不思议的无障碍的生活。其实，文艺美术为一类之无记法，辗转亦为障碍，而物质、他心之障碍，亦必由三乘之共佛法，达到大乘之不共佛法，乃成真正之不思议的无障碍的生活也。

　　梁君以"现量""直觉""理智"三种为知识之根源，盖即现量、非量、比量之三量也。然非量原以指似现量、似比量者，梁君似专指似现量言，且直觉非不美之辞，在凡情之直觉虽属非量，而圣智之直觉亦不违真现量、真比量，故成无得不思议之任运无障碍法界智。另为表如下：

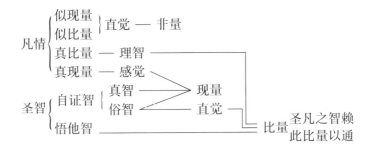

梁君以西洋文化是直觉运用理智的，中华文化是理智运用直觉的。所云直觉，皆专指似现量言。换言之，直觉境即俱生我法二执之心境也。又言，佛法是现量运用比量的，或比量运用现量的。由余观之，当言佛法是由圣智的比量排除非量的凡情直觉，获真现量，起不思议无障碍法界之直觉而运用比量的。所云起不思议无障碍法界之直觉者，即示现他受用身土及应化身土是也。

梁君视佛法但为三乘的共法，前遗五乘的共法，后遗大乘的不共法，故划然以为佛法犹未能适用于今世，且虑反以延长人世之祸乱，乃决意排斥之。其理由，盖谓东方人民犹未能战胜天行，当用西洋化以排除物质之障碍；西洋人民犹未能得尝人生之真味，当用中华化以融洽自然之乐趣。待物质之障碍尽而人生之乐味深，乃能觉悟到与生活俱有的无常之苦，以求根本的解脱生活，于是代表印度化的佛法，始为人生唯一之需要。若现时，则仅为少数处特殊地位者之所能，非一般人之所能也。故对于特殊人的个人之学佛虽或赞成，而对于向一般人提倡，必力反对之。果如梁君之言者，似乎如佛典所云之北俱卢洲人，乃真能适宜佛化者，何以佛法兴世又偏在南阎浮提，而北俱卢洲人适得其反欤？且梁君自云，在个人唯觉佛法为真对的，其欲专提倡代表中华文化的孔家哲学，纯出于舍己从众的悲愿、则梁君殆不免自视太高，而视人太卑欤？同为人类，同生斯世，梁君能觉得唯佛法为真对，众人便亦能觉得唯佛法为真对；众人既亦能觉得唯佛法为真对，梁君压良为贱，强谓其不能，乃云佛法在今日但为贵族的，则纯出梁君之错觉可知也。虽然近来学佛之人，所知于佛者，不及梁君之正确，故大都迷信为鬼神之一，好为扶乩、圆光及贪玩守窍出神等种种秘戏；其不然者，则悉趋于厌弃世事消极主义之一途而已。前者徒益邪秽，后者又懦弱自了，无裨人世。且当今佛法乏人，间有一二深思专精之士，则又寝馈昔贤，高文奥义，非一般人所能共喻。梁君视佛法为贵族的，盖亦有在。

余则视今为最宜宣扬佛法的时代。一则菩提所缘，缘苦众生，今正五浊恶世之焦点故。二则全地球人类皆已被西洋化同化，外驰之极，反之以究其内情。下者，可渐之以五乘的佛法，除恶行善，以增进人世之福乐；中者，可渐之以三乘的共佛法，断妄证真以解脱人生之苦恼；上者，可顿之以大乘的不共法，即人而佛以圆满人性之妙觉故。而对于中国，排斥混沌为本的孔老化，受用西洋的科学，同时即施行完全的佛法。以混沌之本拔，则鬼神之迷信破故。若对西洋，则直顺时机以施行完全的佛化可也。余所谓完全的佛法，亦未尝不以三乘的共佛法为中坚，但前不遗五乘的共法，后不遗大乘的不共佛法耳。五乘共法，十法界的正因果律也，乃属于依他起性者；三乘的共法，生死烦恼之解脱也，乃通于三性三无性者；大乘的不共法，常乐我净之法身也，乃属于圆成实性者。今以明正因果以破迷事无明之异熟愚，则中华宗极混沌、乐为自然之惑祛，而西洋逐物追求、欲得满足迷亦除，于是先获世人之安乐，渐进了生脱死之域以薪达乎究竟圆满之地。此先得人世之安乐，亦与梁君所期者同；但梁君欲从排斥佛法、摄受欧化、提倡孔学达之，余则谓须昌明五乘的共佛法以达到之耳。此后当另著《佛教人生学》《具足佛教学》二书以明之。余并愿脱离寺院及讲经之务,周流全国及全球以专事讲演。

梁君欲排斥佛化,先以提倡孔化,使迷入人生之深处,极感苦痛,然后再推开孔氏,救以佛化。乃不直施佛化,俾世人得孔氏同样之利益,而预免其弊害,用心颇为不仁。又孔子天才之高,殆大士之应生,而此种人才,绝非孔学所能产生,唯佛法乃能产生之耳。故宋明儒者,亦莫不与禅宗有渊源者。即梁君自身,要非先曾入佛不为功,乃反欲排佛以期孔化,何异斫除本根而求枝叶敷荣乎?则又颇为不智。一言而不仁不智,窃为梁君惜焉!

《海潮音》一卷十一期

略评《新唯识论》

贤首初列玄奘三藏译场，以意趣不合退出，别弘杜顺智俨所传华严法界观，乃成贤首宗学。熊君十力，初从支那内学院欧阳君游，习《成唯识论》，旋改辙而迈进之不已，今遂有《新唯识论·甲境论》之发表。畴昔支院师资，据唯识掊击《起信》，几将宗《起信》立说之贤首学之类，一蹴而蹈之；余尝作《佛法总抉择谈》及《起信论唯识释》以明其并是各存而通摄焉。答王君恩洋质疑之后，其议因息。顷熊君之论出，本禅宗而尚宋明儒学，斟酌性台贤密、孔孟老庄而隐摭及数论进化论创化论之义，殆成一新贤首；对于护法、窥基之唯识学，亦有一蹴而蹈之概。马君一浮序云："足使生、肇敛手而咨嗟，奘、基挢舌而不下。"其所怀可知矣。虽然，护、窥之学，果因是蹈欤？观昔支院师资未能蹈《起信》，则知熊论亦决不能蹈唯识！盖仍一"并是各存"之局，而须再为通摄焉耳。

余宗佛法全体而不主一宗一学，其义见于四现实论：曰现变实事；曰现事实性；曰现性实觉；曰现觉实变。尝题现实主义以发表其序论。然以名滥世俗所云之现实主义，今后将易题"真现实论"，再继续发挥其本论与支论。故余昔评支院师资之掊击《起信》，今评熊论之掊击唯识，皆宗佛法全体立言，非主一宗一学而建义。唯是熊君才出《境论》，其《量论》既未刊发，即不能尽知其意趣；故今亦只就大端略评之，未暇详焉。

兹为省构思起见，援引民十二所作《佛法总抉择谈》数则以为推论之端绪：

> 大乘佛法，皆圆说三性而无不周尽者也。但其施设言教，所依托所宗尚之点，则不无偏胜于三性之一者，析之，即成三类：

> 一者偏依托遍计执性而施设言教者，多破鲜立，以遣荡一切遍计执尽，即得证圆成实而了依他起故。此以《中观》等论为其代表，所宗尚则在"一切法智都无得"，即此宗所云"无得正观"，亦即"摩诃般若"，而其教以能"励行趣证"为最胜用。

> 二者偏依托依他起性而施设言教者，有破有立，以若能将一切依他起如实明了者，则遍计执自遣，而圆成实自证故。此以《唯识》等论为代表，所宗尚则在"一切法皆唯识现"，而其教以能"资解发行"为最胜用。

> 三者偏依托圆成实性而施设言教者，多立鲜破，以开示果地证得之圆成实令起信，策发因地信及之圆成实使求证，则遍计执自然远离，而依他起自然了达故。此以《起信》等论为其代表，所宗尚则在"一切法皆即真如"，而其教以能"起信求证"为最胜用。

此三宗虽皆统一切法无遗，然以方便施设言教，则于所托三性各有扩大缩小之异：

般若宗最扩大遍计执性而缩小余二性，凡名想之所及皆摄入遍计执；唯以绝言无得为依他起、圆成实故；故此宗说三性，遍计固遍计，依他圆成亦属在遍计也。

唯识宗最扩大依他起性而缩小余二性，以佛果无漏事用及遍计执之能遍计者，皆摄入依他起；唯以由能遍计而执之所执为遍计执，及唯以"无为理"为真如故；故此宗说三性，依他固依他，遍计圆成亦属在依他也。

真如宗最扩大圆成实而缩小余二性，以有为无漏及离执遍计，皆摄入于圆成实为真如体、相、用大；唯以无明杂染法为依他遍计故；故此宗说三性，圆成固圆成，遍计依他亦属在圆成也。

依此以观熊论（指《新唯识论》，下皆同此），所谓：

今造此论，为欲悟诸究玄学者，令知实体非是离自心外在境界，及非知识所行境界，唯是反求实证相应故。

即知其论属真如宗，以彼所计"实体"，即指"真如性"故，宗在直明直证真如性故。熊论所宗既别，亦自得成立其说，然袭用"唯识论"为题，且据其自宗以非斥别有其宗之护、窥诸师唯识学，则殊不应理矣。

余谓三宗之学于三性各有其扩大与缩小，语殊关要，而其扩缩之争点，尤在"心法"。诚以"心"为万化中枢，必夺归于所扩充之性，而后乃能据之以统持一切。故般若宗必夺归遍计执性内，五法三自性皆非，八识二无我俱遣，而后乃无智亦无得；唯识宗必夺归依他起性内，了境造业持种转变皆属之，而后成一切所知之依；真如宗必夺归圆成实性内，故《起信》云："唯是一心，名为真如。"熊论亦云："是故体万物而不遗者，即唯此心，见心乃云见体。"不如此，则不显偏胜之相，亦不成宗别矣。然未真达离言自性，而见此等施设皆唯假说自性者，则每唯自宗为是，而于他宗不善容察，由是相伐。

熊论以心以智以功能摄归真如实性，即《楞严》所谓"本如来藏妙真如性"，若以此立其自宗，固无不合。然既许有染净中容诸心所有法以为习气，现前身心器物皆习气俱行，且许佛果不断净习，不唯不断，且须借净习增盛，以成以显。如云：

为己之学，无事于性，有事于习。增养净习，始显性能，极有为乃见无为，尽人事乃合天德，习之为功大矣哉！

夫习气千条万绪，储积而不散，繁赜而不乱。

然习气潜伏而为吾人所恒不自觉者，则亦不妨假说为种子也。即此无量种子，各有恒性，又各以气类相从，以功用相需，而形成许多不同之联系；即此许多不同之联系，更互相依持，自不期而具有统一之形式。古大乘师所谓赖耶、末那，或即缘此假立。

原夫八识之谈，大乘初兴，便已首唱，本不始于无著。但其为说，以识与诸法平列，语幻相即均不无，语自性毕竟皆空。逮于无著，始成第八识，引世亲舍小入大，此为接引初机。

　　唯识为言，但遮外境，不谓境无，以境与识，同体
不离，故言唯识。唯者殊特义，非唯独义。识能了境，力
用殊特，说识名唯，义亦摄境。岂言唯识，便谓境无？

　　据此诸言，护、窥"唯识学"便足成立，故唯识论即唯习论，亦
唯行论，无事于性，唯事于习故。种姓有无，据行性辨故。且据
熊论，岂但唯识学立，即"空慧学"亦立。例云：

　　慧者分别事物故，经验起故。

　　世间谈体，大抵向外寻求，各任彼慧，构画搏量，虚
妄安立，此大惑也。

　　慧唯分别境事，故恃慧者，恒执物而迷失其固有之
智，即无由证知真理；若能反求诸自性智而勿失之，则
贞明遍照，不由拟议。虽复顺俗差别，而封畛不存，种
性玄同，而万物咸序，此真智之境，非小慧之所行矣。

　　由慧有执，复资慧发解引智而断执，不唯世人实际生活不能
不有用于慧（此所云慧，皆姑顺熊论定义，而较般若为狭）；即
圣人化世，乃至熊君著论，亦仍有藉于慧。则唯执论（唯执故一
切皆空），唯慧论（乃至破慧，亦是慧故），或毕竟废除主观心
意识了而唱唯境论，亦皆成立。由此三宗各有论据与立场，互不
相夺而尽，遂成"各存而互容相摄"之局。对观以定其名界应为
下列三系：

第一系 {
唯性论……或唯实论
唯习论……或唯幻论
唯执论……或唯妄论
}

第二系 {
唯智论
唯识论……识为慧智共依
唯慧论……或空慧论空观论
}

第三系 {
唯心论……依熊论心统体义
唯行论……行发于心而达于境
唯境论……心空或心无义
}

由此可见熊论袭名唯识之未当，而欲斥除护、基唯识学，尤唐劳无效矣！

然佛法大乘之说，孰为至真极成，应定于一而正信解，安用三宗并存而谈容摄耶？此以各有胜用，宜所被机故。是以，余在《佛法总抉择谈》中有云：

> 然此三宗，虽各有当，若从策发观行而伏断妄执以言之，应以般若宗为最适；譬建都要塞，而便于攘外安内故。若从建立学理而印持胜解以言之，应以唯识宗为最适；譬建都中部，而便于交通照应故。若从决定信愿而直趣果觉以言之，应以真如宗为最适；譬建都高处，而便于瞻望趋向故。要之，于教以真如宗为最高，而"教所成益"每为最下，以苟非深智上根者，往往仅藉以仰信果德故；于教于般若宗为最下，而"教所成益"却为最高，以若能绝虑忘言者，必成妙观而发真智故；于教以唯识宗为处中，而"教所成益"亦为处中，以如实了

解唯识相性者，虽或进未行证，而必非仅能仰信故。

此中般若宗为地前"破执"之教，故为最下；唯识宗乃初地以上"后得智境"之教，故为处中；真如宗为八地至佛"法界智境"之教，故为最上。然般若教破相显性，由加行入真见，益成入地故高；唯识教资发初信入大乘者之胜解胜行，益在由十信而十住十行十向故中；真如教除极少顿证者，大抵皆依以欣慕崇仰，而为仿佛恍惚之揣摩耳。

熊论讥无著始成第八识，引世亲舍小入大，此为接引初机。不知此正是唯识教之不可已处。今世科哲学每近小乘论执，则引之亦正须此。而世亲晚岁展转升进加行，临入初地，依无著之教，作《三十论》以资益信解行人，胡可非议！而护法传为贤劫千佛之一，观其于无可建立处而炽然施设建立，非名言安足处而秩然决定安置，自非慈氏之流、等觉之俦，殆不能作此大不可思议事！反观熊论虽托本宗门曰："夫最上了义，诸佛实证，吾亦印持。"究其语旨，亦推阐如来藏不变随缘、随缘不变之说耳，而复推尊太易，傅合儒言，貌似顿证，实才欣仰而已。

余昔尝作《大乘之革命》云：

> 佛法之于众生，有因循者，人天乘是；有半因循半革命者，声闻乘、缘觉乘是；而大乘则唯是革命而非因循。故大乘法粗观之，似与世间政教学术诸善法相同；细按之，大乘法乃经过重重革命，达于革命激底之后（谓大涅槃），遂成为法界事事无碍；其革命之工具，即二空观是也。事事无碍法界似近于吠檀多等泛神教，及孔

老等生命派玄学。但其根本不同之点，即大乘之事事无碍，是已经过二空观之澈底革命而离染纯净者；彼泛神教等未经过二空观之澈底革命，故非清净，而只是众生之杂染心境。可以图式表示如下：

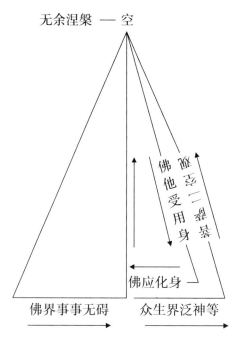

《般若心经》云：菩萨依般若（即二空观）故，究竟涅槃；诸佛依般若故，得阿耨多罗三藐三菩提（即事事无碍法界）；亦明斯义。此图曲线表杂染生死法，直线表清净常住法，故修学大乘者，必以二空观之革命贯澈之，不能苟安图便，妄想从众生界横达佛界之事事无碍，以未经二空观之澈底空净，终等于泛神耳。学华严真言者，未经过二空之澈底革命，亦不能达真实之事事无碍界。故华严须由理法界观（即二空观），经理事无碍法界观，然后事事无碍。真言亦须阿（即本空义）字为根本观也。

夫儒道庄易之学，与佛法界之悬别如是其远，而熊论捃而类之，余前谓"真如宗之教所成益，每为最下"，不弥信欤！昔评梁君漱溟《东西文化及其哲学》云：

梁君以生活意欲之向外求增进，说明西洋古代及近代之文化；处中求调适，说明中华之文化；向内求解脱，说明印度之文化。但言人世，虽觉甚当，统观法界，殊不谓然！今另为表如下：

$$
\text{思议的障碍生活}\begin{cases}\text{向前求进的……西洋文化}\\\text{因循苟安的……中华文化}\\\text{根本解除的……印度文化及三乘共法}\end{cases}
$$

不思议的无障碍生活 —— 大乘佛法　$\begin{cases}\text{分证的……菩萨法界}\\\text{满证的……佛法界}\end{cases}$

梁君以现量、直觉、理智三种为知识之根源，盖即现量、非量、比量之三量也。然非量原以指似现量似比量者，梁君似专指似现量言。且直觉非不美之辞，在凡情之直觉虽属非量，而圣智之真觉亦不违真现量真比量，故成为无得不思议之任运无障碍法界智。另为表如下：

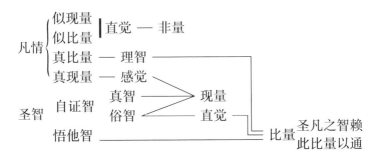

梁君以西洋文化是直觉运用理智的；中华文化是理智运用直觉的。所云直觉皆专指似现量言，换言之，直觉境即生俱我法二执之心境也。又言：佛法是现量运用比量的，或比量运用现量的。由余观之，当言佛法是由圣智的比量排除非量的凡情直觉，获真现量，起不思议无障碍法界之直觉而运用比量的。所云起不思议无障碍法界的直觉者，即示现他受用身土，及应化身土也。

熊论不用圣比量以排除非量的凡情直觉，而反引凡情直觉以排除圣比量，又适成颠倒矣。由此熊论之排斥护、窥学，每成自语矛盾。夫既自许"毋妨于无可建立处而假有施设，即于非名言安立处而强设名言"，则护、窥之施设安立诸识诸心所，诸分诸种，孰不谓于第一义皆假非实者？《成唯识论》曰：

若执唯识真实有者，亦同法执。

又曰：

真胜义中，心言绝故，如伽陀说："心意识八种，俗故相有别，真故相无别，相所相无故。"

论有诚言，何得诽同"宇宙实体，将为分子之集聚，适成机械论"耶？熊论殆未知其说种，说现，说八识，说心所，说诸分，皆为说缘生幻相而非言实体，而实体则显于言外，此犹烘云托月，但画云而不画月，原异于熊论直斥实体之但画月。熊论谓："旧师分析心识，归之众多种子，一如分析物质为极微或分子原子以至电子者多。"抑若忘其皆为说缘生幻相而故诬执为实体，抑何慎欤？且熊论他处自许率尔等五心聚集显现以说识起缘境，不又自堕于极端多元论或集聚论机械论耶？顾乃以识转势用迅疾，不可思议，又曰"夫唯滞于名言，则疑动而无静；若使会其玄极，斯悟静非屏动"，巧自解免。然则护法、窥基奚独必滞名言不会玄极耶？奚以见其独非势用迅疾，不可思议，非一非异，不即不离，即多而常一，即分而常全耶？至若多元机械——以其执最后许多单元之各自有实体——以目唯识而起斥难，而唯识学之诸识诸法以至诸种，究其澈底，莫非缘生无自性之幻相，斯正一即一切摄涉重重而空灵活妙之极者，宁曰多元机械？反之，执"心为浑然不可分之全体""为吾一身之主宰"者，已堕神我论；"体万物而无不在"，又堕泛神论；则为他人作疮，而挖自身之肉矣。

熊论痛言护师揾功能习气为谬。夫用名定义，名有其权，余斥熊论不应题唯识，以据熊论在直明实体，不在依幻习识用而彰相性之故。至护师之说功能种习，自有定义，安得以熊论实性功能，遮护师种习功能？抑熊论他处亦说习种功用相需，"功能""功用"，为别几何？又熊论既谤无著以来"性决定""引自果"之种子义，他处又自许"即此无量种子各有恒性"。既自说"唯者殊特义，非唯独义，识能了境，力用殊特"；他处又谤"世亲造《百法》等论并《三十颂》，遂乃建立识唯，而以一切法皆不离识为宗，唯之为言，显其殊特，是即成立识法非空"。凡此一论，前后种种相差，取舍任情，是非违理！

或谓熊论但许习气假说为种，而于习气又唯许为心所。此则八识及识各有自种，终非所许。况护法唯识义，认心心所各别有自证体，见相各别种生，宁得成立？然熊论既许："又各以气类相从，以功用相需，而形成许多不同之联系；即此许多不同之联系，更互相依持，自不期而具有统一之形式，古大乘师所谓赖耶、末那，或即缘此假立。小乘有所谓细识者，亦与此相当。"是即许立矣。夫六识聚一切佛法所同立，七识依意根立，八识依各有情各有前后经验之统持力而立，且依根依境、依心所相应、依能所熏习异故，虽说八聚非一，但亦不说定异。经说八识如水波等无差别故，定异应非因果性故，如幻事等无定性故；诸心心所，依相见分说自证体差别，而自证体唯现量离言故，别不可及。安慧唯自证体，当可由此进明心体。故唯识观遣虚存实，但遣妄执外境；舍滥留纯，始唯心心所而无境；摄末归本，始无相见而唯自证；隐劣彰胜，始无心所而唯识存；遣相证性，乃无识相而唯识性。若至遣相证性，遣相即般若，证性即真如；而前四级接引之梯，正其善巧方便。相传戒贤、智光，有空各判三时，依《大慈恩传》，智光为戒贤弟子，然戒贤寂后，智光或转崇中观耳。法性法相，依证依教，则性前而相后，非不证真如而能了诸行，犹如幻事等，虽有而非实故。依行依观，则相前而性后，唯识观印所取空，般若观印二取空故。智光三时依观行判，戒贤三时依教证判，义各攸当，随用无诤。

由此，古唯识义，安立无动，退察熊论反多过咎。盖一真法界心言绝故，出世间智不思议故；华严法华涅槃净土诸经，寄之咏叹，粗示轮廓，使生欣向；而真言之秘密，则微露于威仪声音光色香味之事；《楞严》《起信》稍有开发；禅宗则激之反究令自悟而已，终不以"名理"示之。龙树无著皆真觉中人，乃一以遮诠空执情，一以假说表幻事，虽炽言而皆导悟真于言外，斯其所以为善巧矣。天台贤首争立圆教；日密横分二教，竖判十心（藏密于教理唯宗龙树无著，故无增立），贤首尤恣谈玄境，斯既滞于言解，反成钝置。昔著《曹溪禅之新击节》，有云：

> 然自达磨以逮曹溪，虽别传之心宗实超教外，而悟他之法要不离经量。……故达磨、慧可授受《楞伽》，黄梅、曹溪弘演《金刚》。夫《楞伽》乃大乘妙有法轮之天枢，而《金刚》亦大乘真空法轮之斗杓。洪源遥流，酌之不改初味；雪山宝林，湛焉有如新泻。每读信心之铭，证道之歌，观般若瑜伽诸经论，辄觉焕然融释，妙洽无痕。惟后时宗徒既混入知解（荷泽等宗徒），而教徒亦强挺荆榛（四教先乱般若，五教尤乱瑜伽），江西石头以下诸师，或由旁敲侧击使亲悟，或由电骤雷轰令顿契，然皆要期自证，不为语通，绝言思之妙心，终不用父母所生口为说。故曰：若能不触当今讳，也胜前朝断舌才。虽易临机之用，不失教外之传。……曹溪曰：吾有一物，无头无尾，无名无字，无背无面，问诸人还识

否？才被神会唤作本源佛性，即呵之为"知解宗徒"。以说一切法虽不离这个，而这个终不能言陈出之，神会名作本源佛性，以为"假智诠"可得之，遂滞于名相知解中，而失教外之传。此与贤首等之知解教徒，以诸美妙言辞，种种形容绘画绝言思之一真法界，自谓超越先哲，能言龙树世亲所不能言，殊不知先哲岂不能言哉？特以实非言思之所及耳。虽构种种形容绘画之说，徒益名想之影，反障证悟之门，故曹溪力呵之。有曹溪力呵之，故虽有神会等知解宗徒而宗风仍畅。慈恩等于知解教徒未力呵斥，故龙树无著之教轮辍。

由此以观熊论以转变、变、恒转、翕辟、刹那不住、八义、非动义、活义之无作者义、幻有义、真实义、圆满义、交遍义、无尽义、不可思议义，及功能即实性非因缘义、一切人物之统体非各别义、与习气非一义（即活力义）、唯无漏义、不断义，举转变、恒转、功能诸名，以能斥实性真体自居，其视华严六相十玄能上之欤？纵能上之亦徒障悟门耳。此其探头太过者。而不及者，一切有为皆缘生法，则心识亦缘生法，皆无自性，其义先明，而复说唯识，在统缘生而转染成净，乃不依无始"许多不同之联系，更互相依持，自不期而具有统一"之赖耶、末那，施设有情界，则生死流转义不成，而涅槃还灭义亦失！乃曰"夫云有情业力，不随形尽理亦或然"，付之或然，则不免断见！而别言宇宙生生不容已之大流，则类"耶和华""大梵"一神之常见，此其于有情相续之未能充分说明也。以恒转翕辟之变，成色成心，酌"太极

两仪"与柏格森"生命冲动张弛"及天演"元气抵吸"之流，聊
成一说，较之于"一切种起一切现""一切现熏一切种"，"熏起
无始""依变无始""依我执习气成自他别""依有支习气成界趣
别"，尤不啻处幽壤而望朗霄欤？

然余许熊论不失为真如宗之属，以其提撕向上，主反求实证
相应，鞭辟入里，切近宗门，亦正为义学昌炽中之要着。抑其所谓：

> 护公持论，条理繁密，入纂鱼网，犹不足方物。审
> 其分析排比，钩心斗角，可谓极思议之能事。治其说
> 者，非茫无头绪，即玩弄于纷繁之名相，而莫控维纲，纵
> 深入其阻，又不易破阵而游。

其言亦颇中学者时弊。余亦尝以"恶取法相"呵之！余之序
《慈宗三要》亦云：

> 世亲大师尝集境行果为《三十颂》，回施有情，护
> 法诸师解之，大义微言灿然矣，是曰《成唯识论》。第
> 明境繁细难了，而制行期果，义非急切能致，慧粗者畏
> 焉，或耽玩其名句味，乐以忘疲，不觉老至，造修趣证
> 者卒鲜。

熊君斯言，乃有同感。故余观境尚大论真实主义，即矫此
弊也。

> 比年游目佛法藏者日多，往往因智起愚，自生颠倒
> 分别以蔽其明。盖其心习侧重于是，即落窠臼，执此为
> 是，斥余为非，不能耆然四解，说法无碍。得吾说以通
> 之，庶几裂疑网于重重！

此余作《佛法总抉择谈》之尾语也。今略评熊论，请还持斯语以赠之！二十一年十二月二十八日写于厦门兜率陀院。

【作《略评<新唯识论>》旬有余日，获阅刘君定权之《破新唯识论》。破之固当矣；欧阳居士序之，深致慨熊君十力之毁弃圣言量。然履霜坚冰至，其由来者渐：夫《起信》与《楞严》等，殆为中国佛教唐以来相承之最高圣言，居士虽未获融贯会通，而判为"引小入大之不了义"说，犹未失为方便；乃其门人王君等，拨而外之，居士阴许而不呵止，殊不知即此便开毁弃圣言之渐！迫令千百年来相承《起信》《楞严》学者，亦敢为遮拨法相唯识，仿佛《中论》，依傍禅录。爰有瞽僧狂士，攻讦窥基护法，而侵及世亲、无著。今刘君犹曰"除《起信论》伪书外"，居士亦未拣除，徒责熊君之弃圣言，所谓有知人之智而无自知之明欤？】

《海潮音》十四卷一期